Kurfürstin Auguste von Hessen (1780-1841) in ihrer Zeit

Kurfürstin Auguste von Hessen (1780-1841) in ihrer Zeit

Kassel 1995

Impressum

Kurfürstin Auguste (1780-1841)
in ihrer Zeit

Eine Veröffentlichung im Rahmen der
Veranstaltungsreihe
„Kassel trifft sich - Kassel erinnert sich"
in der Stadtsparkasse Kassel

Herausgegeben von Bernhard Lauer

mit Beiträgen von
Gerd Fenner, Ewald Grothe, Marianne Heinz
und Heidrun Helwig

Redaktion
Brüder Grimm-Gesellschaft e.V.
Geschäftsstelle Kassel
Brüder Grimm-Platz 4A
D-34117 Kassel

Gestaltung
Atelier Karl Oskar Blase

Druck
Druckerei Boxan, Kassel

ISBN: 3-929633-27-2

Inhalt

Vorwort

Das Leben und Wirken der letzten deutschen Kurfürstin Auguste von Hessen (1780-1841), das sich in besonderer Weise mit der Geschichte unserer Stadt verband, ist bislang noch nie in einer zusammenhängenden monographischen Darstellung und Dokumentation gewürdigt worden.

Eine Kooperation mit dem Brüder Grimm-Museum Kassel und den Staatlichen und Städtischen Kunstsammlungen in der Neuen Galerie (Staatliche Museen Kassel) bot sich aus sachlichen und personellen Gründen an, da hier nicht nur zahlreiche Zeugnisse zu Auguste aufbewahrt werden, sondern auch fachliche Kompetenz genutzt werden konnte.

Hinsichtlich der verlegerischen Betreuung und des Vertriebs des Werkes schien die Zusammenarbeit mit der Brüder Grimm-Gesellschaft e.V. sinnvoll, um dem Buch über Kassel hinaus einem breiteren Publikum die gewünschte Resonanz zu sichern.

Mein Dank gilt vor allem dem Herausgeber und den Autoren, die das Thema wissenschaftlich neu aufgearbeitet haben, sowie den öffentlichen und privaten Sammlungen, die großzügig Bildmaterial für die Bebilderung des Bandes zur Verfügung stellten.

Klaus Lukas
Vorsitzender des Vorstandes der
Stadtsparkasse Kassel

Einleitung

In der deutschen und vor allem der regionalen hessischen Geschichtsschreibung über das Kurfürstentum Hessen (1803-1866) wird die letzte deutsche Kurfürstin Auguste (1780-1841) in der Regel kaum als eigene historische Persönlichkeit gewürdigt und kommt allenfalls im Kontext der politischen und verfassungsrechtlichen Ereignisse und Vorgänge unter der Regierung ihres Schwiegervaters, Kurfürst Wilhelm I., ihres Ehegatten, Kurfürst Wilhelm II., oder ihres Sohnes, Kurfürst Friedrich Wilhelm I., zur Darstellung. In anderen Publikationen steht häufig die „Skandalchronik“ um die nichteheliche Beziehung des vorletzten Kurfürsten und die nichtstandesgemäße Verbindung des letzten Kurfürsten von Hessen im Vordergrund des Interesses.

Mit diesem Band in der Reihe „Kassel trifft sich – Kassel erinnert sich“ wird erstmals eine Darstellung zur Geschichte Kurhessens aus dem Blickpunkt der preußischen Prinzessin und hessischen Kurfürstin Auguste vorgelegt, in der sie zugleich als historische und politische Persönlichkeit wie auch als Künstlerin, Sammlerin, Bauherrin und Mäzenin gewürdigt wird. Der Blick auf die Individualität Augustes erscheint dabei um so wichtiger, als die zunächst noch als „privat“ und wenig bedeutend gewerteten Vorgänge und Auseinandersetzungen zwischen ihr und ihrem Ehegatten, dem späteren Kurfürsten Wilhelm II., in der Folge zunehmende politische Qualität und Sprengkraft erreichten. Während ökonomisch und politisch kalkulierte Heiratsverträge und Mätressenwirtschaft bis zum 18. Jahrhundert als natürliche Äußerungen fürstlicher Herrschaft angesehen wurden und das persönliche Schicksal der zumeist ohne vorherige Einwilligung verheirateten Fürstenkinder kaum Berücksichtigung fand, wirkten die kurhessischen Familienzwistigkeiten unmittelbar auf die öffentliche Meinung und das politische Klima in Hessen-Kassel und darüber hinaus. Mit dem Erstarken des Bürgertums und der Entwicklung des politischen Liberalismus gewannen die „Skandalgeschichten“ um Kurfürst Wilhelm II. und seine von ihm nach seinem Regierungsantritt zur Gräfin Reichenbach erhobenen Geliebten Emilie Ortlöpp Bedeutung bis in die Tagespolitik hinein.

Das Leben der Kurfürstin Auguste fiel in eine entscheidende Umbruchepoche der deutschen und europäischen Geschichte, die politisch geprägt war von der Krise des Ständestaates und der immer selbstbewußteren Profilierung des Bürgertums, von den Auswirkungen der französischen Revolution und der Neuordnung Deutschlands und Europas durch die Beschlüsse des Wiener Kongresses, in deren Folge Preußen endgültig zur Führungsmacht in Deutschland aufstieg, der hessische Kurstaat jedoch 1866 unterging. Auch in dieser Hinsicht ermöglicht die Veröffentlichung dieses Bandes, für den z.T. noch völlig unbekanntes Quellenmaterial in den Archiven und Sammlungen in Berlin, Wien, Marburg, Kassel, Fulda, Meiningen u.a. genutzt werden konnte, neue Zugänge zu einigen Aspekten der Geschichte Hessens und Preußens.

Bernhard Lauer

1780 1. Mai: Geburt Augustes als Tochter des späteren preußischen Königs Friedrich Wilhelm II. und der Prinzessin Friederike von Hessen-Darmstadt
1794 Oktober: Erste Begegnung Augustes mit dem Erbprinzen Wilhelm von Hessen-Kassel bei dessen Aufenthalt in Berlin
1795 Januar: Vermittlung der Ehe zwischen Auguste und Wilhelm im Rahmen der Unterhandlungen zu einer preußischen Anleihe beim hessischen Landgrafen Wilhelm IX.
1797 13. Februar: Vermählung Augustes mit dem Erbprinzen Wilhelm von Hessen-Kassel im Königlichen Schloß zu Berlin
21. März: Das Erbprinzenpaar trifft in Kassel ein und verbringt einige Zeit am landgräflichen Hof
Mai: Auguste und Wilhelm siedeln ins Schloß nach Hanau über, das ihnen bis zur Flucht der Kurfürstenfamilie im Jahre 1806 als Residenz dient
16. November: Thronwechsel in Preußen. Nach dem Tode Friedrich Wilhelms II. übernimmt König Friedrich Wilhelm III., der Bruder Augustes, die Staatsgeschäfte
1798 9. April: Geburt des Prinzen Wilhelm
1799 29. Juli: Geburt der Prinzessin Caroline
1800 25. Oktober: Tod des Prinzen Wilhelm
1801 3. April: Geburt der Prinzessin Louisa
1802 20. August: Geburt des Prinzen Friedrich Wilhelm, des späteren Kurfürsten
1803 15. Mai: Feierlichkeiten anläßlich der Erhebung der Landgrafschaft zum Kurfürstentum Hessen; Landgraf Wilhelm IX. wird Kurfürst Wilhelm I.
28. September: Tod der Prinzessin Louisa
1804 6. September: Geburt der Prinzessin Marie
1806 6. August: Kaiser Franz II. verzichtet unter dem Druck Napoleons auf die Kaiserkrone: Ende des Heiligen Römischen Reiches Deutscher Nation
Anfang Oktober: Auguste flüchtet mit ihren Kindern vor den napoleonischen Truppen ins Königliche Schloß nach Berlin
1. November: Wilhelm I. verläßt gemeinsam mit dem Kurprinzen das Kurfürstentum. Die Stationen ihres Exils sind zunächst Holstein, dann Mecklenburg und schließlich Prag
9. Oktober: Geburt des Prinzen Ferdinand; Begegnung mit Napoleon in Berlin (vor 6. Dez.)
14. November: Die Gattin Wilhelms I., Kurfürstin Wilhelmine Caroline, zieht an den Hof ihrer Tochter, der Herzogin Caroline von Sachsen-Gotha
21. November: Tod des Prinzen Ferdinand
1807 Juli: Auflösung des Kurfürstentums Hessen. Große Gebietsteile werden in das neugeschaffene (bis Oktober 1813 existierende) Königreich Westphalen eingegliedert, das der Bruder Napoleons, König Jérôme Bonaparte, von Kassel aus regiert
1809 Kurprinz Wilhelm trifft in Berlin mit Auguste und den gemeinsamen Kindern zusammen
April: Dörnberg-Aufstand gegen das französische Regime mit dem Ziel der Wiederherstellung des Kurfürstentums
Juni: Marburger Bauern- und Soldatenunruhen
1811/
1812 Kurprinz Wilhelm lernt in Berlin Emilie Ortlöpp kennen
1813 30. Oktober: Rückkehr des Kurprinzen nach Hessen
21. November: Wilhelm I. zieht gemeinsam mit seiner Gattin unter dem Jubel der Bevölkerung in Kassel ein
22. November: Auguste kehrt mit den Kindern ins Kurfürstentum zurück
1814 1. November bis 11. Juni 1815: Wiener Kongreß. Das Staatsgebiet des Kurfürstentums wird in der Folge durch die territoriale Neuordnung erweitert und abgerundet
1815 1. März bis 10. Mai 1816: Konstituierender Landtag, erstmals unter Beteiligung einer Bauernkurie, der jedoch ohne Ergebnis aufgelöst wird
1815 21. Oktober: „Scheidungs"-Vertrag zwischen Auguste und Kurprinz Wilhelm
1821 27. Februar: Tod des Kurfürsten Wilhelm I. Der Kurprinz übernimmt als Kurfürst Wilhelm II. die Regierungsgeschäfte. Auguste wird Kurfürstin von Hessen

21. März: Erhebung der Emilie Ortlöpp, der Geliebten des Kurfürsten, zur Gräfin von Reichenbach

1. Mai: Wilhelm II. schenkt Auguste zu ihrem ersten Geburstag als Kurfürstin das Schlößchen Schönfeld, das zum Treffpunkt eines oppositionellen Kreises wird

22. Dezember: Friederike, Kurfürst Wilhelms I. älteste Tochter und Herzogin von Anhalt-Bernburg wird gewaltsam von Bonn nach Hanau gebracht.

1822 31. Januar: Vergiftung des Lakaien Bechstädt. Vermutlich ist der Mordanschlag gegen den Kurprinzen gerichtet

Juni: Beginn der Drohbriefaffäre gegen Wilhelm II. und die Gräfin Reichenbach

28. September: Vertrag zwischen Auguste und Wilhelm II.

1825 23. März: Vermählung der Prinzessin Marie mit Herzog Bernhard von Sachsen-Meiningen

1826 Auguste verläßt das Kurfürstentum und läßt sich am königlichen Hof ihrer Schwester Wilhelmine im niederländischen Haag nieder

Kurprinz Friedrich Wilhelm zieht nach Berlin an den Hof seines Onkels, König Friedrich Wilhelm III.

1827 Oktober: Übersiedelung der Kurfürstin nach Koblenz

1828 Januar: Auguste zieht nach Bonn. Der Kurprinz verläßt Berlin und läßt sich ebenfalls in Bonn nieder

1829 25. September: Kurfürstin Auguste und Prinzessin Caroline treffen in Fulda ein

29. Dezember: Kasseler Vertrag zwischen Wilhelm II. und Auguste

1830 September: Unruhen, besonders in Kassel, Hanau und Oberhessen, führen zur Einberufung eines konstituierenden Landtags

16. Okt.: Zusammentritt der Ständeversammlung und Ausarbeitung der Verfassung

1831 5. Januar: Kurfürst Wilhelm II. unterzeichnet die Verfassungsurkunde

8. Januar: Auguste nimmt an den Feierlichkeiten anläßlich der Verfassungsverkündigung in der Residenzstadt teil und verlegt ihren Wohnsitz nach Kassel

Anfang März: Kurfürst Wilhelm II. verläßt Kassel und führt die Regierungsgeschäfte zunächst von Hanau aus weiter

26. Mai: Auguste nimmt an der Fahnenweihe der Bürgergarde teil

26. Juni: Kurprinz Friedrich Wilhelm heiratet Gertrude Lehmann

30. September: Unterzeichnung des Mitregentengesetzes. Damit übernimmt Kurprinz Friedrich Wilhelm faktisch die Regierung des Kurfürstentums

10. Oktober: Der Kurprinz erhebt Gertrude Lehmann zur Gräfin von Schaumburg

7. Dezember: Garde-du-Corps-Nacht

1832 Mai (bis Juli 1837) Ministerära Hans Daniel Ludwig Friedrich Hassenpflugs

1839 Auguste übernimmt die Patenschaft der Prinzessin Marie Auguste, dem sechsten von insgesamt neun Kindern des Kurprinzen

1841 8. Februar: Auguste gibt ihren letzten großen Ball

19. Februar: Tod der Kurfürstin Auguste

23. Februar: Auguste wird auf dem alten Kasseler Totenhof beigesetzt

8. Juli: Wilhelm II. heiratet die Gräfin Reichenbach

1843 12. Februar: Tod der Gräfin Reichenbach

28. August: Wilhelm II. heiratet die 23jährige Caroline von Berlepsch

1847 20. November: Tod des Kurfürsten Wilhelm II. Sein Sohn und bisheriger Mitregent tritt als Kurfürst Friedrich Wilhelm I. dessen Nachfolge an

Preußen

Eltern

Friedrich Wilhelm (Berlin 25.9.1744 - 16.11.1797 Potsdam) 1786 König von Preußen als Friedrich Wilhelm II.

Friederike (Prenzlau 16.10.1751 - 25.2.1805 Berlin) Prinzessin von Hessen-Darmstadt, 1769 Prinzessin und 1786 Königin von Preußen

Geschwister

(ohne Friederike Christine Amalie Wilhelmine (Potsdam 31.8.1772 - 14.6.1773 Potsdam) und das früh verstorbene Kind 29.11.1777)

Friederike (Potsdam 7.5.1767 - 6.8.1820 Surrey) (Stiefschwester der Auguste (Mutter: Elisabeth (Wolfenbüttel 8.11.1746 - 18.2.1840 Friedrichsgnade bei Stettin), Prinzessin von Braunschweig Wolfenbüttel, 1769 geschieden)

Friedrich Wilhelm (Potsdam 3.8.1770 - 7.6.1840 Berlin) 1797 König von Preußen als Friedrich Wilhelm III.

Ludwig (Potsdam 5.11.1773 - 28.12.1796 Berlin)

Wilhelmine (Potsdam 18.11.1774 - 12.10.1837 Den Haag), 1791 Prinzessin von Oranien, 1815 Königin der Niederlande

Auguste (Potsdam 1.5.1780 - 19.2.1841 Kassel) 1797 Prinzessin von Hessen-Kassel, 1803 Kurprinzessin, 1821 Kurfürstin von Hessen-Kassel

Heinrich (Berlin 30.12.1781 - 12.7.1846 Rom)

Wilhelm (Potsdam 3.7.1783 - 28.9.1851 Berlin)

Hessen

Schwiegereltern

Wilhelm (Kassel 3.6.1743 - 27.2.1821 Kassel) 1785 Landgraf von Hessen-Kassel als Wilhelm IX.; 1803 Kurfürst von Hessen-Kassel als Wilhelm I.

Wilhelmine Caroline (Christiansburg 10.7.1747 - 14.1.1820 Kassel) Prinzessin von Dänemark, 1764 Prinzessin von Hessen-Kassel, 1785 Landgräfin, 1803 Kurfürstin von Hessen-Kassel

Geschwister

Friederike (Hanau 14.9.1768 - 14.4.1839 Hanau) 1794 Prinzessin, 1806 Herzogin von Anhalt-Bernburg

Caroline (Hanau 11.7.1771 - 22.2.1848 Gotha) 1802 Prinzessin, 1804 Herzogin von Sachsen-Gotha

Friedrich (Hanau 8.8.1772 - 20.7.1784 Hanau)

Wilhelm (Hanau 28.7.1777 - 20.11.1847 Frankfurt a.M.) 1821 Kurfürst von Hessen-Kassel als Wilhelm II.

Kinder von Auguste

Wilhelm (Hanau 9.4.1798 - 25.10.1800 Hanau)

Caroline (Philippsruhe bei Hanau 29.7.1799 - 28.11.1854 Kassel)

Louisa (Hanau 3.4.1801 - 28.9.1803 Philippsruhe bei Hanau)

Friedrich Wilhelm (Philippsruhe bei Hanau 20.8.1802 - 6.1.1875 Prag) 1831 Mitregent, 1847 Kurfürst von Hessen-Kassel als Friedrich Wilhelm I.

Marie (Hanau 6.9.1804 - 1.1.1888 Meiningen) 1825 Herzogin von Sachsen-Meiningen

Friedrich Wilhelm Ferdinand (9.10.1806 Berlin - 21.11.1806 Berlin)

Ahnentafel

1. Wilhelm Böttner: Auguste (1780-1841), Prinzessin von Preußen und Prinzessin von Hessen-Kassel. Porträt aus dem Ende des 18. Jh. Öl auf Leinwand (Anhang Nr. 16).

Emilie Ortlöpp und deren Kinder mit Wilhelm II.

Emilie Ortlöpp	(Berlin 13.5.1791 - 12.2.1843 Frankfurt a.M.) 1821 Gräfin von Reichenbach, 1824 Gräfin von Lessonitz; 1841 morganatisch angetraut
Luise	(Berlin 26.2.1813 - 3.10.1883 Baden-Baden) 1845/1862 Gräfin von Bose
Julius Wilhelm	(Kassel 4.10.1815 - 15.1.1822 Kassel)
Wilhelmine	(Kassel 31.12.1816 - 28.7.1858 Dresden) 1836 Gräfin von Luckner, 1840 Baronin von Watzdorff, 1847 wieder Gräfin von Luckner
Karl	(Kassel 24.8.1818 - 20.12.1861 Prag)
Emilie	(Kassel 8.6.1820 - 30.1.1891 Budapest) 1839 Gräfin Zichy-Ferraris von Zich und Vasonikeo
Friederike	(Kassel 16.12.1821- 23.2.1898 Weilburg) 1841 Baronin von Dungern
Wilhelm	(Kassel 29.6.1824 - 19.1.1886 Neuchâtel)
Helene	(Wilhelmshöhe bei Kassel 8.8.1825 - 14.5.1898 München) 1844 Baronin von Fabrice

Wilhelms II. dritte Frau (ohne Kinder)

Caroline von Berlepsch	(Hersfeld 9.1.1820 - 21.2.1877 Knauthayn) 1843 morganatisch angetraut, 1844 Baronin von Bergen, 1848 Gräfin von Bergen

Quelle: Michel Huberty, Alain Giraud, F. u. V. Magdelaine: L' Allemagne Dynastique. Bd. I (Hessen) u. Bd. V (Preußen). Paris: Alain Girard, 1976ff.

Ewald Grothe

Ein Leben lang Familienstreit – Stationen im Leben der Kurfürstin Auguste

Als die spätere hessen-kasselsche Kurfürstin Auguste im Jahre 1780 geboren wurde, war die Welt noch in Ordnung. Dies galt auf alle Fälle für d e n Personenkreis, der eine Fürstentochter im letzten Drittel des 18. Jahrhunderts umgab: denn noch war die fürstliche und adlige Herrschaft im Grundsatz unbestritten. Allenfalls hatten sich die jeweiligen Landesherren im Geiste der Aufklärung zur Reformierung ihrer Staatswesen herabgelassen. Aber nach wie vor herrschte ein rechtlich unbeschränkter Monarch, und der Adel besetzte sämtliche Schaltpositionen in Staat, Wirtschaft und Gesellschaft. Der fürstliche Hof war förmlich ein Reservat der obersten Gesellschaftskreise[1].

In eine solche in ganz eigenem Sinne behütete, dem „normalen Leben" des „gemeinen Mannes" weit entfernte Umgebung wurde am 1. Mai 1780 Friederike Christiane Auguste geboren[2]. Sie war das fünfte von insgesamt sieben Kindern des preußischen Kronprinzen Friedrich Wilhelm und seiner Gattin Friederike Luise, einer Prinzessin von Hessen-Darmstadt. Die Geburt Augustes am Potsdamer Hof der Hohenzollern-Dynastie war kein außergewöhnlich bedeutsames Ereignis. Entscheidend für die Hofgesellschaft und damit für die Öffentlichkeit war vielmehr, daß bereits zehn Jahre zuvor, 1770, mit dem erstgeborenen Sohn Friedrich Wilhelm ein zukünftiger Thronfolger zur Welt gekommen war. Somit traf die Geburt Augustes auch nicht auf ein besonderes Interesse seitens des Vaters, der 1780 als 35jähriger Kronprinz schon mit Repräsentationsaufgaben betraut war.

An der Staatsspitze stand damals und noch bis 1786 niemand anderes als König Friedrich II., „der Große", wie ihn die Nachwelt taufte. Seine Kinderlosigkeit und der frühe Tod seines Bruders August Wilhelm 1758 hatten seinen Neffen, Friedrich Wilhelm, zum Thronerben gemacht. Im Gegensatz zu seinem Onkel, dem genialen Heerführer, Liebhaber der Kunst und Förderer der Wissenschaften, hat Friedrich Wilhelm II. (1744-1797) keinen positiven Nachruhm aufzuweisen. Zwar gilt er als künstlerisch interessiert und begabt, doch seine politischen Fähigkeiten waren mäßig, und seine Erfolge als preußischer König zwischen 1786 und 1797 blieben begrenzt. Vollends aber brachten ihn

2. Der Vater, Friedrich Wilhelm II. (1744-1797) war seit 1786 König von Preußen. Das Reliefbild eines unbekannten Künstlers aus Elfenbein stammt aus dem Besitz der Kurfürstin Auguste (Anhang Nr. 2).

3. Die Mutter Friederike (1751-1805), eine geborene Prinzessin von Hessen-Darmstadt, war seit 1769 mit Friedrich Wilhelm II. von Preußen verheiratet. Das Reliefbild eines unbekannten Künstlers aus Elfenbein stammt ebenfalls aus dem Besitz der Kurfürstin Auguste (Anhang Nr. 5).

seine unsteten familiären Verhältnisse ins historische Zwielicht[3].

Bereits mit 19 Jahren hatte der preußische Thronfolger eine Prinzessin von Braunschweig-Wolfenbüttel, eine Schwester der damaligen Königin, geheiratet, was ihn nicht davon abhielt, sich in verschiedene Liebesaffären zu stürzen. 1769 ließ er sich zum ersten Mal scheiden und erhob seine langjährige Geliebte Wilhelmine Enke zur offiziellen Mätresse. Noch im gleichen Jahr aber vermählte er sich erneut, und zwar mit Augustes Mutter, der Darmstädter Prinzessin Friederike. Kurz nach seiner Thronbesteigung 1786 trennte er sich auch von dieser und heiratete ein drittes, 1790 ein viertes Mal. Seine Tochter Auguste lebte nach der Scheidung am Hof ihrer Mutter im Schloß Monbijou. Ihren Vater hat sie allerdings auch zu d e n Zeiten, als die Ehe noch offiziell bestand, vermutlich nicht viel gesehen – sei es, daß er seine Pflichten als Kronprinz wahrnahm, sei es, daß er sich um seine Mätresse kümmerte. So wohlbehütet vor der Außenwelt Kindheit und Jugend Augustes am preußischen Hof waren, so problematisch gestalteten sich die inneren familiären Verhältnisse.

Auch die politischen Zeitumstände blieben nicht so vergleichsweise ruhig wie in den ersten Lebensjahren Augustes. Kaum daß Friedrich II. 1786 gestorben war und ihr Vater die Königskrone geerbt hatte, zeigten sich in Frankreich die ersten Vorboten der herannahenden Revolution. Mit tiefer Besorgnis verfolgte man an den europäischen Fürstenhöfen die politische Entwicklung in Paris. Die Abschaffung der Monarchie, die Inhaftierung Ludwigs XVI. und schließlich seine Hinrichtung lösten naturgemäß heftige Bestürzung aus. Der Schock an den europäischen Höfen saß tief und war begleitet von der Befürchtung, die Monarchie in ganz Europa könne bald schon in Frage gestellt werden, falls das französische Beispiel Schule mache. Seit 1793 nahm Preußen an der Seite Österreichs am ersten Koalitionskrieg gegen die Revolutionsarmeen teil. 1795 schlossen die Hohenzollern den Sonderfrieden in Basel und hielten sich fortan bis 1806 von allen Kriegsschauplätzen fern. Ganz sicher sind die weltbewegenden Ereignisse von Revolution und Krieg auch am Hof in Potsdam nicht spurlos vorbeigegangen.

Doch nicht allein die politischen Aufregungen des letzten Jahrzehnts vor der Jahrhundertwende verwandelten die Lebenswelt der jungen Prinzessin Auguste. Auch im familiären Bereich sollten sich in diesen Zeiten grundlegende Änderungen ergeben. Der Krieg gegen Frankreich hatte Preußen in arge Finanznöte gestürzt. Deshalb entschloß sich der König zu einer Anleihe bei den Kasseler Landgrafen. Um die Abmachungen des Jahres

4. Der Schwiegervater, Landgraf Wilhelm IX. von Hessen-Kassel (1743-1821), stieg 1803 als Wilhelm I. zum Kurfürsten von Hessen-Kassel auf. Porträt 1803/06. Öl auf Leinwand (Anhang Nr. 9).

1794 familiär abzusichern, wurde eine Eheschließung zwischen dem Prinzen Wilhelm von Hessen-Kassel (1777-1847) und der Potsdamer Prinzessin Auguste verabredet. Nur 2 1/2 Jahre später, am 13. Februar 1797, fand in der preußischen Metropole die Trauung zwischen dem Kasseler Thronaspiranten und der preußischen Königstochter statt. Wilhelm war gerade einmal 19, Auguste 16 Jahre alt. Von Liebe zwischen den jugendlichen Eheleuten, die sich fast gar nicht kannten, konnte kaum die Rede sein. Die Heirat basierte ausschließlich auf dem außen- und finanzpolitischen Kalkül der Väter. Dem Berliner Monarchen lag an der zugesagten Finanzhilfe aus Kassel und an einer festen politischen Bindung zur Landgrafschaft Hessen-Kassel in Anknüpfung an den Fürstenbund Friedrichs II. aus dem Jahre 1785. Der Kasseler Landesherr, Landgraf Wilhelm IX. (1743-1821), erhoffte sich die seit längerem erstrebte Würde eines Kurfürsten – eine Rangerhöhung, die ihm aber erst 1803 von Napoleons Gnaden zuteil wurde. Nur wenige Monate später, Mitte Juli 1797, bekräftigten beide Staaten in der Pyrmonter Konvention ihre Zusammenarbeit[4].

Gegenüber solchen machtpolitischen Berechnungen war das persönliche Glück der Fürstenkinder zweitrangig. Auf die Wünsche der unmittelbar Betroffenen, auf ihre Eigenarten und ihren Charakter wurde bei einer Zweck-

5. Die Schwiegermutter Wilhelmine Caroline (1747-1820), eine geborene Prinzessin von Dänemark, war seit 1764 mit Wilhelm IX. (als Kurfürst Wilhelm I.) von Hessen-Kassel verheiratet. Porträt 1803/06. Öl auf Leinwand (Anhang Nr. 10).

heirat aus Staatsräson keine Rücksicht genommen. Das Ergebnis war „die denkbar unglücklichste Ehe", ein „Inferno", wie sich zwei Intimkenner der hessischen Familiengeschichte ausdrücken[5]. Auguste und Wilhelm – es trafen ein jähzorniger, im Gesellschaftsleben eher ungelenker hessischer Thronfolger und eine eigenwillige, stolze, aber gewinnend auftretende preußische Prinzessin aufeinander[6]. Diese Mischung erwies sich wie Feuer und Wasser. Bereits in den ersten Ehejahren, so überliefert es die „Chronique scandaleuse", soll es zu heftigsten Szenen, ja Gewalttätigkeiten mit dem Messer gekommen sein. Von Wilhelm ist die Äußerung überliefert: „Es gibt nicht eher Ruhe im Hause als bis einer von uns unter der Erde liegt."[7]

Doch obwohl Streit an der Tagesordnung war, blieb die Ehe keineswegs kinderlos. In den Jahren zwischen 1798 und 1806 wurde Auguste insgesamt sechsmal Mutter. Nicht weniger als drei Kinder starben früh. Aber wichtig aus dynastischer Sicht war, daß 1802 ein Thronerbe, Friedrich Wilhelm, zur Welt kam[8]. Die letzte Geburt fand nicht mehr wie die übrigen in Hanau, sondern in Berlin statt. Dorthin hatte es Auguste auf der Flucht vor Napoleons Heeren verschlagen. Dem französischen Imperator selbst ist sie als einzige in Berlin verbliebene Angehörige der Hohenzollernfamilie bei der Einnahme der Stadt begegnet[9]. Der hessische Kurprinz ging auf

6. Augustes älterer Bruder, Friedrich Wilhelm III. (1770-1840), wurde 1797 König von Preußen. Die nach Gottfried Schadow gefertigte Kleinplastik aus Biskuitporzellan stammt aus dem Ende des 18. Jahrhunderts (Anhang Nr. 13).

7. Augustes Schwägerin Luise (1776-1810), eine geborene Prinzessin von Mecklenburg-Strelitz, war seit 1793 mit Friedrich Wilhelm III. von Preußen verheiratet. Die nach Gottfried Schadow gefertigte Kleinplastik aus Biskuitporzellan stammt ebenfalls aus dem Ende des 18. Jahrhunderts (Anhang Nr. 15).

seiner Flucht ins Exil zunächst nach Holstein, schließlich nach Mecklenburg und Prag. Erst 1809 traf er wieder bei seiner Ehefrau in Berlin ein[10].

In die Jahre von Krieg und Exil fällt auch jene Begegnung, die das persönliche und später auch das politische Schicksal Wilhelms nachhaltig beeinflussen sollte. Denn in den Jahren 1811/12 lernte er Emilie Ortlöpp (1791-1843) kennen[11]. Ihr Vater, ein gutsituierter Berliner Goldschmied, wollte die Liaison zunächst verhindern, aber Emilie setzte sich durch. Kurprinz Wilhelm seinerseits war ihr ganz ergeben, spätestens seit sie ihn bei einer schweren Erkrankung gepflegt hatte.

8. Die Berliner Goldschmiedstochter Emilie Ortlöpp (1791-1843) lernte den jungen Kurprinzen Wilhelm von Hessen-Kassel in Berlin kennen und wurde von ihm 1821 zur Gräfin Reichenbach erhoben. Miniatur von Laurent Grünbaum (Anhang Nr. 40).

Rückkehr nach Hessen

Nach bald siebenjähriger Verbannung kamen Ende 1813 die Tage der Rückkehr nach Hessen. Die französische Armee war in der Völkerschlacht bei Leipzig geschlagen worden. Die nachrückenden russischen Truppen unter General Tschernyscheff eroberten bald darauf Kassel zurück. Das sechsjährige Intermezzo des künstlich geschaffenen napoleonischen Modellstaats Königreich Westphalen mit Kassel als Hauptstadt und unter der Regierung von Napoleons Bruder Jérôme fand damit sein Ende[12].

Mit einem Triumphzug wurde der alte Kurfürst in seiner Residenz begrüßt. Auch Augustes Rückreise nach Hessen löste an jeder ihrer Zwischenstationen volksfestartige Szenen aus. Die Jahre im Exil hatten die Popularität der Kurprinzessin noch einmal deutlich gesteigert. Hatte sie doch die Aufstände gegen die Franzosen in Preußen und Hessen mit warmer Sympathie verfolgt und unterstützt. Die Spendenaktion eines Frauenvereins für Bedürftige, die sie mit ihrer Tochter organisiert hatte, tat ein übriges[13]. Als Auguste im November 1813 mit ihren Kindern zum ersten Mal wieder hessischen Boden betrat, ließ sie sich - auf Effekte stets bedacht - niederfallen und küßte die Erde. Später trug sie selbst zur Stilisierung dieser Szene bei, indem sie ihren Sohn Friedrich Wilhelm zwischen zwei hessischen Bauern stehend in einem Gemälde eigenhändig verewigte (Anhang Nr. 48; Abb. S. 67)[14]. Unter Glockengeläut geleitete man sie nach Kassel; in Marburg errichtete die Bürgerschaft ein Denkmal zur Erinnerung an ihren Zwischenaufenthalt[15].

Feste hatten in diesen Jahren des gesteigerten Nationalgefühls ohnehin Konjunktur. Zugleich zeigten sich auch neue Formen der Selbstorganisation der Gesellschaft. Vor allem die kriegsfreiwilligen Studenten schlossen sich in „Deutschen Gesellschaften", Burschenschaften und Turnerbünden zusammen. Das Ergebnis des Wiener Kongresses von 1814/15, das Ausbleiben eines deutschen Nationalstaates und die Gründung des Deutschen Bundes, enttäuschte die Hoffnungen der deutschen Patrioten und Nationalisten. Der studentische Protest bündelte sich symbolträchtig im Wartburgfest des Herbstes 1817[16].

Die Jahre des Kampfes gegen Napoleon und der anschließenden Reorganisation der deutschen Staatenwelt brachten neben den Rückschlägen für die Nationalbewegung eine Verfassungsbewegung in Gang. Die eher altständisch geprägte Verfassungsurkunde des Herzogtums Nassau vom September 1814 sollte den Anfang machen. Die frühkonstitutionellen Grundgesetze der süddeutschen Staaten Bayern, Baden, Württemberg und Hessen-Darmstadt folgten zwischen 1818 und 1820[17]. Diese erste Verfassungswelle kam kurze Zeit nach den Karlsbader Beschlüssen vom September 1819 und der darauf folgenden repressiveren Bundespolitik ins Stocken und bis 1830 fast ganz zum Erliegen.

Das Kurfürstentum Hessen hatte in den Wiener Verhandlungen 1814/15 glücklich seine staatliche Existenz behauptet und zudem mit dem ehemaligen Fürstbistum Fulda territorialen Zugewinn erzielt. So sollte das Versprechen des Kurfürsten bei seiner Rückkehr aus dem Exil, die Landstände einzuberufen, nicht zuletzt der Integration der alten und neuen

Landesteile dienen. Zwischen März 1815 und Mai 1816 tagte in Kassel ein konstituierender Landtag – erstmals unter Beteiligung von Bauerndeputierten[18]. Doch auf eine Verfassung vermochten sich Regierungs- und Ständevertreter nicht zu einigen. Der Kurfürst wollte sich weder mit einer Einengung seiner monarchischen Rechte abfinden noch den finanziellen Bestand mit den Landständen teilen. Statt einer Modernisierung des Landes kam es nach 1813 zu einer Phase drastischer Restauration. Zahlreiche westphälische Reformen wurden rückgängig gemacht und als augenfälliger Höhepunkt von allem der Zopf beim Militär wieder eingeführt[19].

Zur allgemeinen Ernüchterung über die Restaurationspolitik trat der Umstand, daß nach der Heimkehr aus dem Exil die lange schwelende Ehekrise des Kurprinzenpaares vor der heimatlichen Öffentlichkeit nicht mehr zu verbergen war. Wilhelm hatte Emilie Ortlöpp nach Kassel mitgebracht und für sie ein Domizil in der Karlsstraße angemietet, während Auguste im Rotenburger Palais am Königsplatz residierte[20]. Nach einer erneuten heftigen Auseinandersetzung zwischen den Eheleuten schlossen sie am 21. Oktober 1815 schließlich einen geheimen Trennungsvertrag[21].

Die folgenden Jahre verliefen zwar friedlicher, zumal sich die streitenden Parteien meistens aus dem Wege gingen, doch ausgeräumt waren die Probleme freilich nicht. Vor allem der preußische Hof unter Augustes Bruder, König Friedrich Wilhelm III. (1770-1840), setzte mit wiederholten Vermittlungsaktionen alles daran, der Kurfürstin die ihr zustehenden Rechte zu verschaffen. In den politisch sonst eher ruhigen zwanziger Jahren herrschte reger diplomatischer Reise- und Briefverkehr zwischen Kassel und Berlin. Friedrich von Motz, der spätere Finanzminister und Architekt des Zollvereins, Staatsminister Wilhelm Fürst von Sayn-Wittgenstein sowie der Diplomat Karl August Varnhagen von Ense hießen die prominentesten Vermittler im hessischen Familienstreit[22].

Ehe- und Staatskrise auf höchster Ebene

Die Schlichtungsbemühungen in der Kasseler Familienkrise nahmen vor allem auch deshalb an Intensität zu, weil seit dem Tod des greisen Kurfürsten Wilhelm I. im Jahre 1821 der Konflikt nunmehr nicht mehr zwischen zwei Fürstenkindern spielte, sondern auf höchster Ebene, innerhalb eines regierenden Fürstenhauses stattfand. Ehe- und Staatskrise waren seit 1821 sozusagen zwei Seiten derselben Medaille.

Unmittelbar nach seiner Thronbesteigung hatte Wilhelm II. seine Geliebte zur Gräfin von

9. Die Federzeichnung aus einem Skizzenbuch von Ludwig Emil Grimm zeigt Schloß und Park Schönfeld von Südosten; links ist der Herkules und Schloß Wilhelmshöhe angedeutet. Die mit „May 1822" angegebene Datierung wurde möglicherweise später in „May 1844" geändert (Anhang Nr. 97).

Reichenbach erhoben. Im Gegenzug schenkte er Anfang Mai 1821 Auguste das am südwestlichen Stadtrand Kassels gelegene Lustschloß Schönfeld. Den Umbau des nun in Augustenruhe umgetauften Anwesens unterstützte er mit einer beträchtlichen Geldsumme[23]. Ganz auf dieser Versöhnungslinie lag auch, daß nur ein Jahr später, am 25. September 1822, eine weitere vertragliche Übereinkunft zustandekam. Als Gegenleistung für die Anerkennung der Gräfin Reichenbach gestand Wilhelm II. seiner legitimen Ehefrau eine selbständige und angemessene Hofhaltung zu[24].

Seit der Regierungsübernahme Wilhelms II. 1821 erhielt die Familienkrise noch eine weitere politische Dimension. Denn nun mischte sich die kurfürstliche Mätresse zunehmend in die politischen Entscheidungen im Kurstaat ein. Für die Öffentlichkeit stand das Land zeitweise geradezu unter dem „gierigen Regiment" der Gräfin Reichenbach[25]. Sie wurde für Steuererhöhungen und Günstlingswirtschaft verantwortlich gemacht. Der Architekt Julius Eugen Ruhl schrieb in seinen Memoiren: Die Gräfin Reichenbach „war in ihrem Wesen ein gemeines Weib [...]. [Wilhelm II.] ist das Opfer dieser H[ure] geworden"[26]. Geschickt verstand sie es, den engsten Beraterkreis des Kurfürsten, den Kabinettsrat Karl Rivalier von Meysenbug sowie die Finanzexperten Johann Michael Deines und Wilhelm Wöhler, auf ihre Seite zu ziehen[27].

10. Augustes Ehegatte, Kurprinz Wilhelm (1777-1847) von Hessen-Kassel, übernahm nach dem Tode seines Vaters am 27. Februar 1821 als Kurfürst Wilhelm II. die Regierungsgeschäfte. Die Miniatur auf Elfenbein eines unbekannten Künstlers aus dem Anfang des 19. Jahrhunderts zeigt ihn in Uniform (Anhang Nr. 36).

11. Die Bleistiftzeichnung Ludwig Emil Grimms aus dem Jahr 1822 zeigt die Kurfürstin Auguste mit ihren Kinder Marie, Friedrich Wilhelm und Caroline im Park von Schloß Schönfeld (Anhang Nr. 27).

Der „Schönfelder Kreis"

Gegen die Reichenbach-Kamarilla formierte sich seit Beginn der zwanziger Jahre eine bedeutende Opposition im Lande. Und an deren Spitze stand niemand anderes als Kurfürstin Auguste. An ihrem Hof versammelte sich bereits seit Jahren alles, „was künstlerisch von Rang in Kassel lebte"[28]. Ursache dafür waren die ausgeprägten musischen Interessen Augustes. Sie selbst sowie ihre Kinder hatten bereits in den frühen Hanauer Ehejahren Hausunterricht bei dem Maler Friedrich Bury genossen. Über Bury lernte Auguste im Jahre 1808 auch den Weimarer Geheimrat Goethe kennen. Dieser zeigte sich von der reizenden Kurprinzessin so angetan, daß er ihr sogleich ein Gedicht widmete[29].

Das Schloß Schönfeld bzw. Augustenruhe paßte insofern ideal zu den Neigungen der Kurfürstin, als es selbst seit Jahren förmlich ein Zentrum der Musen in Kassel war. In den Jahren 1807/8 hatten hier Achim von Arnim und Clemens Brentano den zweiten Band ihrer Volksliedsammlung „Des Knaben Wunderhorn" ins Leben gerufen[30]. Seit Beginn der zwanziger Jahre trafen sich die politischen Gegner Wilhelms II. in Augustenruhe, das den „Charakter eines Hauptquartiers der gegen ihn gerichteten Fronde" annahm[31]. Eine intellektuelle Elite gab sich vor Kassels Toren unter Obhut der Landesmutter ein Stelldichein.

12. Joseph Maria von Radowitz (1797-1853), seit 1821 mit der militärischen Erziehung des hessischen Kurprinzen Friedrich Wilhelm (1802-1875) betraut, mußte u.a. aufgrund seines Eintretens für die Kurfürstin Auguste 1823 Hessen verlassen. Als Berater und Vertrauter des späteren preußischen Königs Friedrich Wilhelm IV. spielte er eine wichtige Rolle in der Geschichte Preußens und Hessens (Anhang Nr. 61).

An der Spitze dieses Oppositionellenzirkels stand der Kasseler Generalstabsoffizier und nachmalige preußische Außenminister Joseph Maria von Radowitz (1797-1853). In der ultrakonservativen Weltanschauung kam ihm der Assessor am Kasseler Oberappellationsgericht und spätere Minister, Ludwig Hassenpflug (1794-1862), am nächsten. Er war die Verbindungsfigur zwischen dem militärischen Zweig des Kreises und den literarisch-künstlerischen Teilnehmern. Unter letzteren dominierten zweifelsohne die Kasseler Bibliothekare, Germanisten und Märchensammler Jacob und Wilhelm Grimm. Hassenpflug war ihr langjähriger Freund und wurde 1822 ihr Schwager. Auch der dritte Grimm-Bruder, der Zeichner und Radierer Ludwig Emil Grimm, hielt sich ebenso wie der Maler Ludwig Hummel[32], der Bildhauer Werner Henschel und der Architekt Julius Eugen Ruhl oft in Augustenruhe auf. Schließlich sind noch zwei Köpfe des Kasseler Bürgertums als Mitglieder im Oppositionellenkreis um Kurfürstin Auguste zu nennen: der Kaufmann und Farbenfabrikant Carl Carvacchi sowie der langjährige Bürgermeister Carl Schomburg (1791-1841)[33].

Politisch einte alle Teilnehmer des sogenannten Schönfelder Kreises die Gegnerschaft zum Kurfürsten und zur Gräfin Reichenbach. Doch darin erschöpften sich neben den künstlerischen Interessen vermutlich auch schon die Gemeinsamkeiten[34]. Das Spektrum

13. Jacob Grimm (1785-1863) war von 1816 bis 1829 Zweiter Bibliothekar an der Kurfürstlichen Bibliothek in Kassel. Die Bleistiftzeichnung seines Bruders Ludwig Emil Grimm aus dem Jahr 1815 zeigt ihn als kurhessischen Legationssekretär; in dieser Eigenschaft zog er mit den Alliierten gegen Napoleon bis Paris und nahm auch mit der hessischen Gesandtschaft am Wiener Kongreß teil (Anhang Nr. 54).

14. Wilhelm Grimm (1786-1859) war von 1814 bis 1829 Bibliothekssekretär an der Kurfürstlichen Bibliothek in Kassel. Als Erzieher des hessischen Kurprinzen Friedrich Wilhelm und als geschätzter Vorleser literarischer und anderer Werke stand er in besonders vertrautem Verhältnis zur Kurfürstin Auguste, die (als Patin von Wilhelms Tochter Auguste) die Brüder Grimm noch in Göttingen besuchte. Das Aquarell Ludwig Emil Grimms aus dem Jahr 1837 zeigt Wilhelm Grimm im Talar der Universität Göttingen (Anhang Nr. 55).

der Meinungen reichte nämlich von den streng konservativen Ansichten Radowitz' und Hassenpflugs bis zu den liberalen Anschauungen Schomburgs. Doch es wurde nicht ausschließlich politisiert. Man pflegte ebenso gemeinsame Lektüre und literarische Unterhaltung, Zeichnen und Dichten. Auguste selbst war, so wissen es übereinstimmend alle Teilnehmer zu berichten, liebenswürdig und zuvorkommend, stets vielfältig interessiert und ganz besonders für das Malen begeistert[35]. Wilhelm Grimm schilderte die Szenerie folgendermaßen: „Um 7 Uhr abends gehe ich gewöhnlich hin, erst wird Thee getrunken und gesprochen. Die Unterhaltung hat immer etwas abgemessenes und feierliches, aber innerhalb dieser Grenzen doch auch etwas natürliches. Die Kurfürstin ist so gütig, freundlich und von so edlem Herzen, daß Sie sich einen solchen Abend doch nicht allzusteif vorstellen müssen, und nicht selten wird, wenn es die Gelegenheit gibt, gelacht."[36]

15. Ludwig Emil Grimm (1790-1863), seit 1817 als freier Künstler in Kassel lebend und seit 1832 Professor an der Kasseler Kunstakademie, war ein besonders häufiger Gast auf Schloß Schönfeld, wie seine zahlreichen Zeichnungen bezeugen. Sein radiertes Selbstporträt aus dem Jahr 1815 zeigt ihn als jungen Künstler, der damals schon die Belebung der Kunst durch „unsere Kurprinzeß" in einem Brief an Achim von Arnim vom 15.4.1815 hervorhob (Anhang Nr. 56).

Drohungen und Komplotte

Zuweilen ließ sich auch der junge Kurprinz Friedrich Wilhelm (1802-1875) auf den Abendgesellschaften in Augustenruhe sehen. Zwar wurde er von seinem Vater mehrfach aus der Residenz fortgeschickt, aber während seiner Aufenthalte in Kassel genoß er Hausunterricht u.a. bei Wilhelm Grimm. Der Haß auf die Gräfin Reichenbach verband ihn mit den „Schönfeldern". Allerdings war er intellektuell dem Kreis nicht im geringsten gewachsen, wie Wilhelm Grimm, der sich redlich mit ihm abmühte, feststellen mußte[37].

Dem Kurfürsten und der Gräfin Reichenbach blieben die Treffen der politischen Opposition auf dem Schönfelder Schloß selbstverständlich nicht verborgen. Wilhelm II. war ohnehin von Natur aus recht mißtrauisch und sann bald darauf, den Kreis seiner Gegner zu sprengen. Ob er wirklich ein Komplott von Frau und Sohn gegen sich fürchtete oder ob er nur einen Vorwand suchte - in jedem Fall reichten bereits die Gerüchte aus, um im Sommer 1823 gegen die vermeintlichen Verschwörer vorzugehen. Radowitz und drei Offiziere wurden in kleinere Garnisonen strafversetzt. Der Generalstäbler floh kurz darauf nach Berlin. Seinen Sohn schickte der Kurfürst zur weiteren Ausbildung unter der Obhut des Generals Ludwig von Ochs nach Marburg[38]. So waren dem Schönfelder Kreis der Vordenker und der Hoffnungsträger für die Zukunft gleichzeitig genommen.

Kaum zwei Wochen nach dem spektakulären „Coup" tauchte ein erster Drohbrief gegen den Kurfürsten in Kassel auf, dem zwei Monate später ein ähnliches Pamphlet gegen seine Mätresse folgte. Die anschließenden polizeilichen Untersuchungen zogen sich

16. Die Musik des Kasseler Komponisten Louis Spohr (1784-1859) wurde von der Kurfürstin Auguste sehr geschätzt; das Porträt von Anton Johann Gareis d.Ä. entstand um 1828 (Anhang Nr. 64).

17. Die Bleistiftzeichnung Ludwig Emil Grimms aus dem Jahr 1830 zeigt den hessischen Kurfürsten Wilhelm II. (1777-1847) mit der Petition der Kasseler Bürgerschaft für eine neue Verfassung in der Hand (Anhang Nr. 38).

ohne ein handgreifliches Ergebnis über Jahre hin. Die wahrscheinlichste Version ergab eine Verstrickung des mächtigen Kasseler Oberpolizeidirektors Ludwig von Manger in die Affäre. Manger wurde verhaftet und erst Jahre später freigelassen[39]. Vielleicht aber gab es doch einen Zusammenhang zwischen der Drohbriefaffäre und dem Vorgehen gegen die Schönfelder Frondeure kurz zuvor[40]. Einer der Untersuchungsrichter mutmaßte jedenfalls, daß die Handschrift eine auffallende Ähnlichkeit mit derjenigen Hassenpflugs aufweise[41].

Auch nach 1823 trafen sich die Kasseler Intellektuellen gelegentlich am Hof der Kurfürstin. Auguste verdankte ihren politischen Ruf dabei nicht zuletzt der harschen Ablehnung der Gräfin Reichenbach. Sie selbst avancierte als Gegenbild des absolutistischen Gebarens am kurfürstlichen Hof für breite Bevölkerungskreise zur liberalen Symbol- und Identifikationsfigur. Ob sie indes wirklich mit progressiven politischen Anschauungen sympathisierte, ist eher zweifelhaft. Angesichts der seit der Drohbriefangelegenheit verschärften polizeilichen Überwachung zeigten sich allerdings deutliche Auflösungserscheinungen des Schönfelder Oppositionskreises. Entnervt von dem bedrückenden Kasseler Klima und den Schikanen des Kurfürsten verließ Auguste Mitte des Jahres 1826 Kassel und reiste zu ihrer Schwester ins holländische Haag. Der

18. Der geheime Kammerrat Ludwig von Manger (1770-1847) war von 1818-1824 Oberpolizeidirektor. Das Ölgemälde August von der Embdes zeigt ihn in schwarzem Rock mit weißer Weste, Halsbinde und Jabot (Anhang Nr. 66).

19. Hans Daniel Ludwig Friedrich Hassenpflug (1794-1862) wirkte seit 1816 am Oberappellationsgericht in Kassel und war 1832-1837 und 1850-1855 Minister unter dem mitregierenden Kurprinzen und späteren Kurfürsten Friedrich Wilhelm I. Das Ölgemälde Ludwig Emil Grimms aus dem Jahr 1817 zeigt den jungen Hassenpflug in altdeutscher Tracht (Anhang Nr. 65).

Kurprinz flüchtete unterdessen zu Radowitz nach Berlin[42].

Exil und Heimkehr

Für Auguste hießen 1826 Bonn, 1827 Koblenz, danach erneut Bonn, schließlich Fulda die weiteren Stationen ihres Exils[43]. 1829 wurde erneut ein Abkommen zwischen den Eheleuten geschlossen. Die im Kasseler Vertrag verbürgte Übergabe der Schlösser Fulda und Fasanerie an die Kurfürstin ermöglichten ihr die Rückkehr nach Hessen zum Ende des Jahres. Die Residenz sah sie jedoch erst Anfang 1831, im Zusammenhang mit der unmittelbar bevorstehenden Verfassungsfeier, auf Einladung Wilhelms II. wieder.

Rund viereinhalb Jahre waren seit Augustes Weggang aus Kassel vergangen, und die Welt hatte sich nachhaltig verändert, als die Kurfürstin wiederum in Schönfeld einzog. Anfang September 1830 war der Funke der Pariser Julirevolution nach Kurhessen übergesprungen. Der Unmut über das spätabsolutistische Regierungssystem Wilhelms II. sowie über die schwierige wirtschaftliche und soziale Lage hatte vor allem in Kassel und Hanau zu gewalttätigen Unruhen und Massenpetitionen geführt. Mit dem Zugeständnis, die Landstände nach 14jähriger Pause einzuberufen und eine Verfassung beraten zu lassen, beabsichtigte der von einer Reise zurückgerufene Kurfürst, die Gemüter zu beruhigen[44]. Es galt, die bedrohte monarchische Herrschaft zu stabilisieren. Vor allem war ihm privat daran gelegen, die Rückkehr der Gräfin Reichenbach möglich zu machen, die er bei seiner überstürzten Heimreise nach Kassel Mitte September in Karlsbad hatte zurücklassen müssen.

Für Kurfürstin Auguste war hingegen gerade durch die Abwesenheit der Mätresse eine Heimkehr nach Kassel überhaupt erst in Betracht gekommen. Dabei verhinderte nicht allein die unruhige Einwohnerschaft der Residenz mit Petitionen und Drohbriefen den Aufenthalt der Gräfin Reichenbach[45]. Selbst das Staatsministerium sprach sich noch Ende Dezember 1830 mit Mehrheit gegen die Anwesenheit der Mätresse in Kassel aus[46].

Ungeachtet des Streites um eine Rückkehr der verbannten Gräfin Reichenbach waren die seit Mitte Oktober 1830 laufenden Verhandlungen des verfassungsgebenden Landtags mit Geheimem Kabinett, Staatsministerium und Landtagskommission Ende Dezember zum Abschluß gekommen. Nach letzten Änderungen unterzeichnete der Kurfürst am 5. Januar 1831 eine Verfassungsurkunde, die ohne Zweifel als die liberalste des Vormärz bezeichnet werden kann. Vier Tage später kam es im Laufe der Verfassungsfeierlichkeiten auf dem Balkon des Kasseler Bellevueschlosses zu einer „theatralischen Versöhnungsszene"[47]: Wilhelm und Auguste umarmten sich demonstrativ vor der versammelten Einwohnerschaft. Auch der Kurprinz war anwesend, nachdem er im September 1830 gemeinsam mit seinem Vater nach Kassel zurückgekommen war.

Wilhelm II. hoffte als persönliche Prämie für die Verfassungsgewährung, endlich die Anwesenheit seiner Mätresse in Kassel zu erreichen. Am 10. Januar mußte die kurzfristig angereiste Gräfin Reichenbach jedoch angesichts von erneut ausbrechenden Tumulten nach nur wenigen Stunden wieder die Residenz verlassen. Kurfürstin Auguste dagegen blieb in der Hauptstadt, nachdem sowohl der Kurfürst als auch Bürgermeister Schomburg sie darum gebeten hatten[48].

Nicht mehr allzu lange hielt sich indes Wilhelm II. noch in seiner Residenz auf. Lediglich zwei Monate nach Unterzeichnung der Verfassungsurkunde verließ er Kassel und Wilhelmshöhe und verzog ins Schloß Philippsruhe bei Hanau. Der Streit mit Ministern und Landtag um einzelne Verfassungsvorschriften hatte Empörung und Verbitterung bei ihm ausgelöst, und die Abwesenheit seiner Geliebten hatte ihn zunehmend ungeduldiger werden lassen. Bis Ende September 1831 führte er die Regierungsgeschäfte aus

20. Am 15. September 1830 überreichte eine Delegation der Kasseler Bürgerschaft, angeführt durch Bürgermeister Carl Schomburg (1791-1841), dem hessischen Kurfürsten Wilhelm II. eine Petition, in der die Einberufung der kurhessischen Ständeversammlung zur Ausarbeitung einer Verfassung gefordert wurde. Die später nach dieser Entwurfszeichnung gefertigte Lithographie Ludwig Emil Grimms fand große Beachtung und Verbreitung bei der Kasseler Bürgerschaft (Anhang Nr. 63).

der Ferne weiter. Dann zog er sich formell als Mitregent, faktisch aber vollständig aus der Tagespolitik zurück und übergab seinem Sohn die Alleinregentschaft[49]. Er lebte als „Frühpensionär" fortan in Hanau, Frankfurt oder Baden-Baden. Nach Kassel kehrte er ebenso wie die Gräfin Reichenbach bis zu seinem Tod 1847 nicht mehr zurück[50].

Der Sohn als Mitregent

Kurfürstin Auguste dagegen verbrachte ihr letztes Lebensjahrzehnt in der kurhessischen Hauptstadt. Sie wohnte erneut in Schönfeld/Augustenruhe, wo sie sich am wohlsten fühlte, bzw. im Bellevueschloß. In das Fürstenpalais am Friedrichsplatz und ins Schloß Wilhelmshöhe zog Anfang Oktober ihr Sohn Friedrich Wilhelm, seit 30. September 1831 Mitregent und faktisch alleiniger Monarch im Kurstaat.

Nach all den aufregenden familiären Krisen der vergangenen Jahrzehnte hätten die kommenden Jahre für die Kurfürstin nunmehr eigentlich ruhig und harmonisch sein können. Immerhin hatte der Kurprinz im Verlaufe des Streits über die Gräfin Reichenbach stets zu ihren Gunsten Stellung bezogen. Doch einem friedlichen und ungetrübten Familienglück stand erneut eine Liebesbeziehung im Wege.

Ende der zwanziger Jahre hatte Kurprinz Friedrich Wilhelm in Bonn die Ehefrau eines preußischen Rittmeisters und Tochter eines Weinhändlers, Gertrud Lehmann (1806-1882), kennengelernt. Schon 1829 kam das erste gemeinsame Kind zur Welt. Nachdem Friedrich Wilhelm den Ehemann gegen eine Abfindungssumme zur Scheidung veranlaßt hatte, ließ sich das unebenbürtige Paar im Sommer 1831 in der Nähe von Essen heimlich trauen[51]. Ganz nach dem Vorbild des Vaters erhob der Kurprinz und Mitregent in der ersten Amtshandlung seine bürgerliche Ehefrau in den Adelsstand. Als Gräfin von Schaumburg, seit 1853 Fürstin von Hanau, lebte sie fortan an der Seite des letzten deutschen Kurfürsten.

Für Auguste bildete die Heirat ihres Sohnes mit einer geschiedenen bürgerlichen Frau den Ausgangspunkt für neuen familiären Konfliktstoff. Sie, die so ahnenstolze, ehemalige preußische Prinzessin, konnte sich vor allem aus dynastischen Gefühlen heraus nicht mit der unstandesgemäßen Ehe ihres Sohnes abfinden. Denn die Folge einer Heirat „zur linken Hand" war nach deutschem Fürstenrecht, daß kein Nachkomme Friedrich Wilhelms thronfolgeberechtigt war. Auguste hatte bereits vor der Eheschließung in den gemeinsamen Bonner Jahren ihrem Sohn die Verbindung ausreden wollen. Nun gab sie die ganze Schuld an dem Dilemma der Gräfin Schaumburg. Sie pochte darauf, daß ihr Sohn angeb-

21. Augustes Sohn Friedrich Wilhelm I. übernahm 1831 als Mitregent nach der Übersiedelung seines Vaters, Kurfürst Wilhelm II., nach Frankfurt a.M., praktisch die Regierungsgeschäfte und wurde 1847 Kurfürst. Die Gipsplastik von Werner Henschel entstand 1821 (Anhang Nr. 49).

lich keine Heiratserlaubnis bei seinen Eltern eingeholt habe. Erst nach geraumer Zeit war sie überhaupt bereit, die Schwiegertochter bei sich zu empfangen. Ein herzliches Verhältnis stellte sich bis zum Tod Augustes 1841 nicht ein.

Auch die Beziehung zwischen Kurfürstin und Kurprinz war in den dreißiger Jahren erheblich belastet. Einen ersten Höhepunkt erreichte das neue Familiendrama bereits am 7. Dezember 1831, kaum zwei Monate nach der Regierungsübernahme Friedrich Wilhelms. In der sogenannten Garde-du-Corps-Nacht schlugen Kasseler Elitetruppen auf unbewaffnete Bürger ein, die sich zu einer Sympathiekundgebung für die Kurfürstin versammelt hatten. Vermutlich handelte es sich um eine gezielte Provokation des Kurprinzen, der zudem dafür sorgte, daß fast alle Beteiligten so gut wie straffrei davonkamen[52]. Politisch gesehen bedeutete das Dezemberereignis einen symbolträchtigen Schock. Zeigte sich hier doch erstmals die Entschlossenheit des neuen Mitregenten gegen jegliche Antastung seiner monarchischen Ehre vorzugehen. Nur ein halbes Jahr später berief er mit Ludwig Hassenpflug einen konservativen Innen- und Justizminister an die Spitze des Ministeriums, der zeitgleich mit dem bundespolitischen Klimawechsel nach dem Hambacher Fest die reaktionäre Wende im Kurfürstentum Hessen durchsetzte[53].

In den dreißiger Jahren blieben trotz Phasen zeitweiliger Versöhnung zwischen Mutter und Sohn die familiären Verhältnisse schwierig. Gegenseitige Kränkungen bestimmten das Bild. Fast wöchentlich erreichten Beschwerdebriefe der Kurfürstin über den Kurprinzen Augustes Bruder in Berlin, König Friedrich Wilhelm III.[54] Mutter und Sohn mieden nicht allein den persönlichen Umgang. Darüber hinaus verboten sie auch ihrer Umgebung jeglichen Kontakt. So bewilligte der Mitregent 1836 seinem Minister Hassenpflug das beantragte Doppelgehalt nur unter der Bedingung, daß er seine Besuche in Schönfeld unterlasse[55]. Unmittelbar nach einer Begegnung mit seiner Mutter schrieb der Kurprinz dem Berliner Gesandten: „Uberhaupt ist ihr Benehmen [das der Kurfürstin, E.G.] gegen mich so kalt und abstoßend, daß wenn es so bleiben sollte ich die Feindschaft der Freundschaft vorziehen würde; es ist übrigens bei dem Eigensinn und dem stolzen Charakter der Kurfürstin an ein freundschaftliches Verhältnis nicht zu denken und ich muß bei jeder Zusammenkunft mit ihr erwarten von ihr beleidigt zu werden."[56]

Die Familienkrise lastete nunmehr schon seit Jahrzehnten wie ein „Fluch [...] auf dem Hessischen Hause"[57]. Und neben dem ungünstigen äußeren Erscheinungsbild Kurhessens waren die inneren Zustände davon nicht unwesentlich betroffen. Die doppelte Hofhal-

22. Das Kasseler Bellevue-Schloß (im Okt. 1943 zerstört); hier starb Kurfürstin Auguste von Hessen-Kassel am 19. Februar 1841 (Anhang Nr. 102).

tung in Kassel stand wiederholt im Zentrum der Kritik. So prophezeite der Premierminister Christian Wiederhold bereits Ende 1831: „Zwei Höfe in einer kleinen Stadt, die in so manichfacher B e r ü h r u n g mit einander stehen, können sich nicht wechselseitig ignorieren und wenn auch die höchsten Herrschaften Ruhe und Frieden halten wollen, so spinnen doch die Hofleute oder die Partheien im Publikum den Faden der Intrigue [...] fort[58]." Wilhelm Grimm, damals bereits seit Jahren in Göttingen tätig, urteilte aus der Ferne, der Kasseler Familienzwist sei eine der „unseligsten Störungen der Wohlfahrt."[59]

Die Berichte des permanent in Kassel residierenden Wiener und vor allem des Berliner Gesandten sind voll von Mitteilungen über die Familienkrise. Vielsagend sind die Worte, die der kurhessische Gesandte am Berliner Hof, Wilkens von Hohenau, 1834 an den Kasseler Außenminister Friedrich von Trott richtete: „Ich [...] wünschte mir so viele Pfennige als ich seit Jahren Buchstaben in den Familien Angelegenheiten schrieb, dann glaube ich, könnte ich es mit Rothschild aufnehmen."[60]

Die letzten Jahre

Erst in den späten dreißiger Jahren besserte sich das Verhältnis zwischen Kurprinz und Kurfürstin etwas. Seit Februar 1837 luden sie sich immerhin wieder „gegenseitig zum Eßen

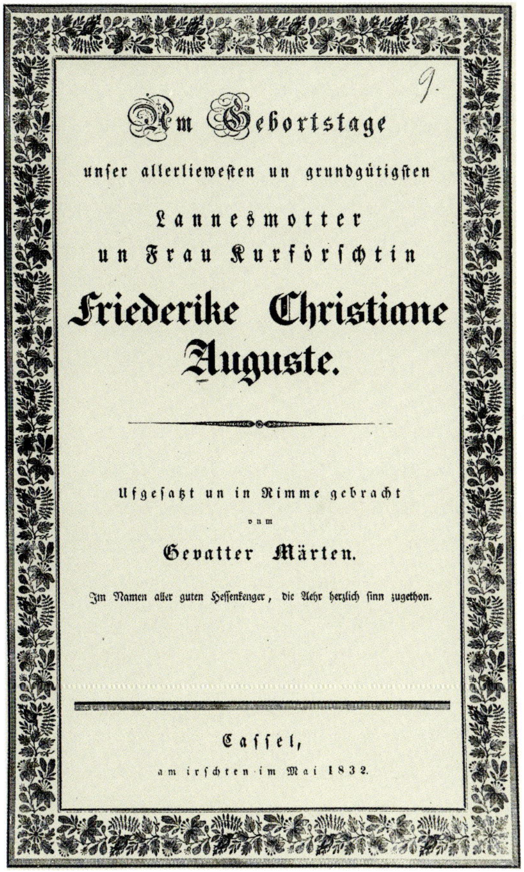
9.

Am Gebortstage
unser allerliewesten un grundgütigsten
Lannesmotter
un Frau Kurförschtin
Friederike Christiane Auguste.

Ufgesatzt un in Rimme gebracht
vum
Gevatter Märten.
Im Namen aller guten Hessenkenger, die Uehr herzlich sinn zugethon.

Cassel,
am irschten im Mai 1832.

23. Die Verbundenheit der Kasseler Bevölkerung mit der letzten hessischen Kurfürstin beweist auch ein Huldigungsgedicht in Kasseler Mundart anläßlich von Augustes 52. Geburtstag am 1. Mai 1832 (Anhang Nr. 119).

und auf Bälle" ein[61]. Im August 1839 übernahm die Kurfürstin sogar die Patenschaft bei einer Tochter des Kurprinzen und der Gräfin Schaumburg[62].

Abseits der familiären Konflikte genoß Auguste die letzten Lebensjahre in Schönfeld. In einem ihrer unzähligen Klagebriefe nach Berlin an ihren alten Freund, den Fürsten Wittgenstein, schrieb sie, daß „namentlich ihr ländlicher Wohnsitz [...] das Einzige sei, was ihr hinnieden noch einige Freude gewähre"[63]. 1838 reihten sich die Brüder Grimm nach ihrer Göttinger Amtsenthebung wieder unter die regelmäßigen Gäste in Schönfeld ein. Wilhelm Grimm berichtete über die Treffen mit der hessischen Landesmutter, bei denen „die Weltangelegenheiten wieder besprochen werden"[64]. Auch zum Kasseler Bürgermeister Schomburg hielt Auguste weiterhin regen Kontakt. Ihre Beliebtheit bei der Bevölkerung war ungebrochen und wurde durch wohltätige Spenden stets aufs neue befestigt. Der letzte Brief der Kurfürstin galt dem Kasseler Landtag, wo sie insbesondere bei der liberalen Fraktion hohes Ansehen genoß[65].

Augustes Tod kam plötzlich, ohne Ankündigung durch eine Krankheit am 19. Februar 1841. Die öffentliche Reaktion war nahezu einhellig große Bestürzung. Wilhelm Grimm befürchtete gar, daß aus diesem „Unglück [...] mancherlei Verhängnisse [...] folgen" könn-

Gedächtniß-Predigt

auf das

am 19. Februar d. J. erfolgte Ableben

Ihrer Königlichen Hoheit

der

Kurfürstin von Hessen

Friederike Christiane Auguste,

Königl. Prinzessin von Preussen,

nach Sirach 44, 12 – 15.

Am 14. März 1841

in der Unterneustädter Kirche zu Kassel

gehalten von

George Rommel,

erstem Prediger dieser Gemeinde und Metropolitan der Klasse Kaufungen.

Zum Besten der Armen.

Druck von Döll und Schäffer.

24. Gedächtnispredigt auf das Ableben der Kurfürstin Auguste. Kassel 1841 (Anhang Nr. 123).

ten[66]. Einzig Kurfürst Wilhelm II. reagierte erleichtert. Er entschied sich umgehend zur Eheschließung mit der Gräfin Reichenbach, die allerdings bereits 1843 verstarb. Als 1847 nach Auguste und Emilie schließlich auch der Kurfürst selbst verschied, hatten innerhalb von nur wenigen Jahren die Hauptdarsteller der kurhessischen Familienaffäre die Bühne verlassen. Doch den Ruf, ein Land des Verfassungskonflikts wie der Familienskandale zu sein, behielt Kurhessen bis an das Ende seiner Eigenstaatlichkeit[67].

25. Werner Henschel fertigte um 1841 ein Tonmodell für ein Grabmal der Kurfürstin Auguste, das jedoch nicht zur Ausführung kam (Anhang Nr. 103).

Anmerkungen

1 Zu den Wandlungstendenzen im Überblick: Karl Möckl: Der deutsche Adel und die fürstlich-monarchischen Höfe 1750-1918. In: Hans-Ulrich Wehler (Hrsg.): Europäischer Adel 1750-1950. Göttingen 1990 (= Geschichte und Gesellschaft, Sonderheft 13), S. 96-111.
2 Biographische Skizzen: Philipp Losch: Auguste, Kurfürstin von Hessen (1780-1841). In: Ingeborg Schnack (Hrsg.): Lebensbilder aus Kurhessen und Waldeck. Bd. 1. Marburg 1939 (= Veröffentlichungen der Historischen Kommission für Hessen, 20, 1), S. 6ff.; Wilhelm Schoof: Kurfürstin Auguste von Hessen und die Brüder Grimm. In: Die Sonntagspost. Beilage zur Kasseler Post, Nr. 258 v. 18.9.1932 (S. 1) u. Nr. 272 v. 2.10.1932 (S. 1).
3 W[ilhelm] M[oritz] Frhr. v[on] Bissing: Friedrich Wilhelm II. König von Preussen. Ein Lebensbild. Berlin 1967. Ebd., S. 12f., 21-27, 49-53, 101-113, die Nachweise zu den folgenden Ausführungen über den preußischen Hof am Ende des 18. Jahrhunderts.
4 Karl E. Demandt: Geschichte des Landes Hessen. Kassel/Basel 1972, S. 213.
5 Philipp Losch: Schönfeld. Bilder aus der Geschichte eines hessischen Schlößchens und seiner Besitzer. Leipzig 1913, S. 82; Joachim Kühn: Das Ende einer Dynastie. Kurhessische Hofgeschichten 1821 bis 1866. Nach ungedruckten Dokumenten aus den Archiven von Paris, Wien, Berlin und Kassel. Berlin 1929, S. 7. Ähnlich auch Philipp Losch: Geschichte des Kurfürstentums Hessen 1803 bis 1866. Marburg 1922, S. 7.
6 Charakterisierungen Augustes bei Philipp Losch: Der letzte deutsche Kurfürst Friedrich Wilhelm I. von Hessen. Marburg 1937, S. 3, 6f. (Varnhagen), 19; ders., Schönfeld (wie Anm. 5), S. 83; Schoof (wie Anm. 2), Nr. 258; zu Wilhelm II.: Ph[ilipp] Losch: Wilhelm II. Kurfürst von Hessen. In: Ingeborg Schnack (Hrsg.): Lebensbilder aus Kurhessen und Waldeck. Bd. 2. Marburg 1940 (= Veröffentlichungen der Historischen Kommission für Hessen, 20, 2), S. 415-422; [Malwida von Meysenbug:] Memoiren einer Idealistin. Bd. 1. Berlin [3]1882, S. 19.
7 Zit. nach Kühn, Dynastie (wie Anm. 5), S. 10.
8 Losch, Friedrich Wilhelm (wie Anm. 6), S. 2, 4.
9 Ders., Kurfürstentum (wie Anm. 5), S. 38.
10 Ders., Friedrich Wilhelm (wie Anm. 6), S. 4.
11 Vgl. Georg Koch: Die Gräfin von Reichenbach. In: Reichenbacher Blätter (4), 1987, H.5, S.62-81.
12 Vgl. zu Westphalen: Helmut Berding: Napoleonische Herrschafts- und Gesellschaftspolitik im Königreich Westfalen 1807-1813. Göttingen 1973 (= Kritische Studien zur Geschichtswissenschaft, 7).
13 Losch, Kurfürstentum (wie Anm. 5), S. 81f.
14 Ders., Schönfeld (wie Anm. 5), S. 94f.
15 Ders., Friedrich Wilhelm (wie Anm. 6), S. 9f.
16 Zur Auswirkung auf Hessen und speziell auf Marburg: Ewald Grothe: „Neigung zur Widersetzlichkeit und zum Aufruhr". Heinrich Henkel und die Anfänge des kurhessischen Liberalismus. In: Burghard Dedner (Hrsg.): Das Wartburgfest und die oppositionelle Bewegung in Hessen. Marburg 1994 (= Marburger Studien zur Literatur, 7), S. 79-107, hier S. 81-84.
17 Die Verfassungsentstehung in Nassau und Hessen-Darmstadt skizziert: Ewald Grothe: Konstitutionalismus in Hessen vor 1848. Der hessische Weg zum Verfassungsstaat im Vormärz. In: Hessische Landeszentrale für politische Bildung (Hrsg.): Recht und Verfassung in Hessen. Vom Reichskammergericht zur Landesverfassung. o.O., o.J. [Wiesbaden 1994] (= Kleine Schriftenreihe zur hessischen Landeskunde, 3), S. 48-60.
18 Winfried Speitkamp: Restauration als Transformation. Untersuchungen zur kurhessischen Verfassungsgeschichte 1813-1830. Darmstadt/Marburg 1986 (= Quellen und Forschungen zur hessischen Geschichte, 67). Als Aktenbasis: Winfried Speitkamp/Hellmut Seier (Bearb.): Akten zur Entstehung und Bedeutung des kurhessischen Verfassungsentwurfs von 1815/16. Hrsg. u. eingeleitet v. Hellmut Seier. Marburg 1985 (= Vorgeschichte und Geschichte des Parlamentarismus in Hessen, 2; Veröffentlichungen der Historischen Kommission für Hessen, 48, 1).
19 Hellmut Seier: Restauration und Neubeginn in Kurhessen nach 1813. In: Zeitschrift des Vereins für hessische Geschichte und Landeskunde 94, 1989, S. 293-307.

20 Losch, Friedrich Wilhelm (wie Anm. 6), S. 9f.
21 Ebd., S. 10.
22 Kühn, Dynastie (wie Anm. 5), S. 23-108 passim.
23 Losch, Schönfeld (wie Anm. 5), S. 87.
24 Speitkamp (wie Anm. 18), S. 544.
25 So Heinrich von Treitschke: Deutsche Geschichte im Neunzehnten Jahrhundert. Bd. 4: Bis zum Tode König Friedrich Wilhelms III. Leipzig [4]1897 (= Staatengeschichte der neuesten Zeit, 27), S. 126.
26 [Walter Martin] Fraeb: Über Kurfürst Wilhelm II. und die Gräfin Reichenbach in Hanau. In: Hanauisches Magazin 8, 1929, S. 49-63, hier S. 51. Die Abkürzung des Wortes „Hure" entspricht zeitgenössischem Gebrauch.
27 Speitkamp (wie Anm. 18), S. 513-516.
28 August Straub: Das Schlößchen Schönfeld und seine Musenhöfe. In: Hessische Heimat, NF 11, 1961, S. 20-24, hier S. 23.
29 Karl Siebert: Die Beziehungen des Malers Friedrich Bury zu Goethe und zum kurhessischen Hof. In: Hessenland 34, 1920, S. 129f., 146ff., 161-165, hier S. 161f.
30 Straub (wie Anm. 28), S. 20f.
31 Losch, Schönfeld (wie Anm. 5), S. 88.
32 Vgl. auch die Briefedition von Fritz Hummel: Die kunstliebende Kurfürstin Auguste. In: Zeitschrift des Vereins für hessische Geschichte und Landeskunde 68, 1957, S. 195-207.
33 Siehe die einander ergänzenden Angaben über die Teilnehmer bei Speitkamp (wie Anm. 18), S. 545; Hugo Brunner: Joseph Maria Radowitz und seine Beziehungen zu Hessen. In: Casseler Tageblatt und Anzeiger, Nr.79 v.15.2.1905, S. 1f., Nr. 81 v.16.2.1905, S.1f., Nr. 83 v.17.2.1905, S. 1f., hier Nr. 79, S. 1f.; [Jakob Chr. Carl Hoffmeister:] Aus den Tagen eines erloschenen Regentenhauses in seiner ehemaligen Residenz. Hessische Nachrichten aus alter und neuer Zeit. Hannover 1878, S. 114; Philipp Losch: Ludwig Hassenpflug, ein Staatsmann des 19. Jahrhunderts (Vom Romantiker zum Mystiker). In: Zeitschrift des Vereins für hessische Geschichte und Landeskunde 62, 1940, S. 59-159, hier S. 74. Auf eine nähere Erläuterung der Personen wird an dieser Stelle verzichtet. Vgl. demnächst Ewald Grothe: Kurfürstin Auguste von Hessen-Kassel und der Schönfelder Kreis. In: Hessische Landeszentrale für politische Bildung (Hrsg.): Fürstenhof und Gelehrtenrepublik. Hessische Lebensläufe des 18. Jahrhunderts (im Druck).
34 Speitkamp (wie Anm. 18), S. 545f.
35 Dazu Losch, Schönfeld (wie Anm. 5), S. 82-97 passim; Emilie Wepler: Einiges aus dem Leben der Kurfürstin Auguste von Hessen. In: Hessische Blätter, Nr. 1185 v. 18.11.1885 (S. 2ff.).
36 Schoof (wie Anm. 2), Nr. 258 (an Jenny von Droste-Hülshoff, 8.5.1825).
37 Ebd.
38 Jüngste Deutung der Ereignisse: Speitkamp (wie Anm. 18), S. 546; vgl. Kühn, Dynastie (wie Anm. 5), S. 43f.
39 Vgl. ebd., S. 45ff., sowie Ders.: Die Casseler Drohbriefaffäre von 1823. In: Deutsche Rundschau 185, 1920, S. 318-334.
40 Die oppositionelle Bewegung ordnet in den größeren Zusammenhang ein: Speitkamp (wie Anm. 18), S. 543-547, 590ff. Dagegen oft irreführend der fehlerhafte Beitrag von Dankward Sieburg: Die Bedeutung des Willingshäuser Kreises am Anfang des 19. Jahrhunderts. In: Schwälmer Jahrbuch 1995, S. 18-39, bes. S. 28f., 32f.
41 Grothe, Auguste (wie Anm. 33).
42 Losch, Friedrich Wilhelm (wie Anm. 6), S. 31; Kühn, Dynastie (wie Anm. 5), S. 60; Speitkamp (wie Anm. 18), S. 590.
43 Losch, Friedrich Wilhelm (wie Anm. 6), S. 33, 36.
44 Zur Verfassungsentstehung: Ewald Grothe: Monarchisches Prinzip und frühparlamentarische Repräsentation. Das Kurfürstentum Hessen in den Verfassungskämpfen der ersten Ära Hassenpflug 1830-1837. Phil. Diss. Marburg 1994, S. 12-99.
45 Dies insbesondere mit einer Anzahl von Spottgedichten und -liedern: Joachim Kühn: Eine vergessene Literatur. In: Ders.: Kurhessische Bilderbogen. Studien und Porträts zur Kulturgeschichte des 19. Jahrhunderts. Berlin 1924, S. 180-265, hier u.a. S. 194f., 197-201.
46 Ewald Grothe/Hellmut Seier (Bearb.): Akten und Briefe aus den Anfängen der kurhessi-

schen Verfassungszeit 1830-1837. Hrsg. u. eingeleitet v. Hellmut Seier. Marburg 1992 (= Vorgeschichte und Geschichte des Parlamentarismus in Hessen, 8; Veröffentlichungen der Historischen Kommission für Hessen, 48, 4), Dok. 27, S. 97ff. (22.12.1830).

47 Losch, Friedrich Wilhelm (wie Anm. 6), S. 40.

48 Grothe/Seier (wie Anm. 46), Dok. 35, S. 136f. (11.1.1831).

49 Grothe, Monarchisches Prinzip (wie Anm. 44), S. 131-142.

50 Bernd Häußler: Die Gräfin setzte das kurfürstliche Kommando kurzerhand vor die Tür. In Frankfurt ließ es sich Wilhelm II. von Hessen-Kassel mit seiner unstandesgemäßen Geliebten wohl sein. In: Frankfurter Allgemeine Zeitung. Lokalausgabe, Nr. 67 v. 20.3.1986, S. 37.

51 Wilh[elm] Grevel: Die Trauung des Kurprinzen Friedrich Wilhelm von Hessen in Rellinghausen im Juni 1831. In: Beiträge zur Geschichte von Stadt und Stift Essen 30, 1909, S. 149-164; (August) Woringer: Die Heirat des letzten Kurfürsten. In: Hessenland 23, 1909, S. 321ff., hier S. 321f.

52 Grothe/Seier (wie Anm. 46), Dok. 49-51, S. 160-166; vgl. auch Carl Wilhelm Wippermann: Kurhessen seit dem Freiheitskriege. Cassel 1850, S. 249ff.; Kühn, Dynastie (wie Anm. 5), S. 151ff.

53 Zu dessen politischer Einstellung: Ewald Grothe: Hassenpflug und die Revolution. Zu Weltanschauung und Politik eines kurhessischen Hochkonservativen. In: Winfried Speitkamp (Hrsg.): Staat, Gesellschaft, Wissenschaft. Beiträge zur modernen hessischen Geschichte. Marburg 1994 (= Veröffentlichungen der Historischen Kommission für Hessen, 55), S. 53-72, hier S. 55-66.

54 Vgl. auch Joachim Kühn: Der kurhessische Familienzwist in den letzten Jahren der Kurfürstin Auguste. Nach ungedruckten Dokumenten aus dem Pariser Ministerium des Äußern. In: Hessenland 30, 1916, S.20ff., 36-39, 53ff., 68ff., 86-89.

55 Grothe, Monarchisches Prinzip (wie Anm. 44), S. 303

56 Hessisches Staatsarchiv Marburg, Best. 9b I, Nr. 22 (30.4.1833).

57 Louis Spohr an Wilhelm Speyer, 9.11.1832 (zit. nach Herfried Homburg: Politische Äußerungen Louis Spohrs. Ein Beitrag zur Opposition Kasseler Künstler während der kurhessischen Verfassungskämpfe. In: Zeitschrift des Vereins für hessische Geschichte und Landeskunde 75/76, 1964/65, S. 545-568, hier S. 557).

58 Hessisches Staatsarchiv Marburg, Best. 9b I, Nr. 270e (an Wilhelm von Steuber, 30.12.1831). Ebenso: Kurprinz an König von Preußen, 18.10.1834 (Geheimes Staatsarchiv Preußischer Kulturbesitz Berlin, Brandenburg-Preußisches Hausarchiv, Repositur 192 Nachlaß von Sayn-Wittgenstein, III 10, Nr. 18-20, fol. 61-62); Hermann Koch an Wilkens, 27.4.1836 (Hessisches Staatsarchiv Marburg, Best. 9b I, Nr. 22).

59 Wilhelm Grimm: Bericht über eine kirchliche Commission und die Landstände in Hessen. In: Ders.: Kleinere Schriften. Bd. 4. Hrsg. v. Gustav Hinrichs. Gütersloh 1887, S. 618-629 (zuerst 1832), hier S. 627.

60 Hessisches Staatsarchiv Marburg, Best. 9b I, Nr. 22 (11.8.1834).

61 Ludwig Emil Grimm: Briefe. Hrsg. u. kommentiert v. Egbert Koolman. Bd. 1. Marburg 1985 (= Schriften der Brüder Grimm-Gesellschaft Kassel e.V., 12), Nr. 197, S. 226f. (an Wilhelm Grimm, 23.2.1837).

62 Losch, Friedrich Wilhelm (wie Anm. 6), S. 62.

63 Zit. nach ebd.

64 Schoof (wie Anm. 2), Nr. 272 (an Friedrich Christoph Dahlmann, 17.12.1839).

65 Losch, Auguste (wie Anm. 2), S. 8.

66 Schoof (wie Anm. 2), Nr. 272 (an Dahlmann, 25.4.1841).

67 Bereits in den 1840er Jahren schrieb Edgar Bauer: „Kurhessen [ist] dasjenige Volk, dessen Schicksal sich nach den Ereignissen in seiner Herrscherfamilie richtete"; [Edgar Bauer:] Geschichte der constitutionellen und revolutionären Bewegungen im südlichen Deutschland in den Jahren 1831-1834. Bd. 2. Charlottenburg 1845, S. 73).

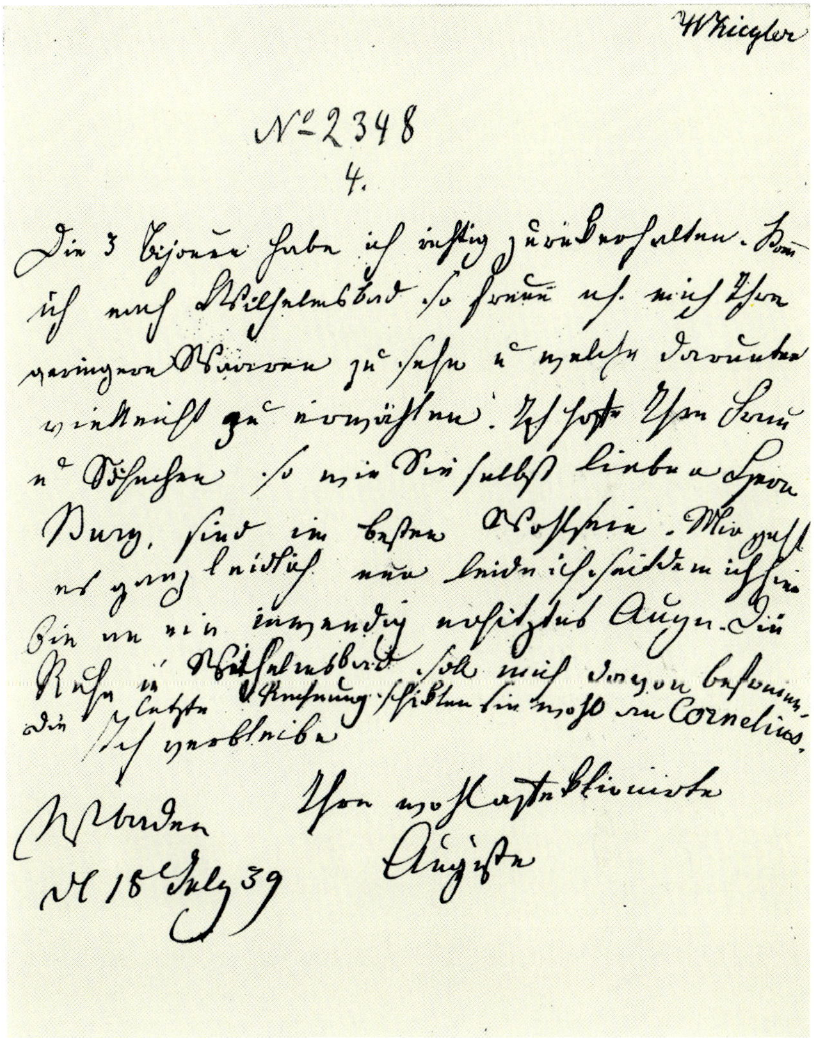

26. „Mir geht es ganz leidlich nur leide ich seitdem ich hier bin an ein einwendig erhitztes Auge. Die Ruhe in Wilhelmsbad soll mich davon befreien...“; Brief der Kurfürstin Auguste an Isaak Bury aus Wiesbaden am 18. Juli 1839 (Anhang Nr. 121).

27. Kassel zur Zeit der Kurfürstin Auguste: Das „Rote Palais" am Friedrichsplatz (Teil des Kurfürstlichen Residenzpalais) um 1830. Lithographie von Friedrich Appel (Anhang Nr. 77).

28. Kassel zur Zeit der Kurfürstin Auguste: Das Kurfürstliche Hoftheater mit Blick in die Königsstraße um 1840. Lithographie von Johann Heinrich Martens nach Conrad Löwer (Anhang Nr. 80).

29. Kassel zur Zeit der Kurfürstin Auguste: Das Kurfürstliche Hoftheater mit Blick auf den heutigen Opernplatz um 1830. Lithographie von Friedrich Appel (Anhang Nr. 79).

30. Kassel zur Zeit der Kurfürstin Auguste: Der Königsplatz um 1830. Aquarellierte Federzeichnung von Friedrich Wilhelm Selig (Anhang Nr. 81).

Heidrun Helwig

Privates Leben und höfische Gesellschaft

Auguste als preußische Prinzessin und hessische Kurfürstin

Am 13. Februar 1797 wurde im Königlichen Schloß zu Berlin die Vermählung der 16jährigen Prinzessin Friederike Christiane Auguste (1780-1841)[1], Tochter des preußischen Königs Friedrich Wilhelm II. und dessen zweiter Frau, Friederike von Hessen-Darmstadt, mit dem 19jährigen Erbprinzen Wilhelm von Hessen-Kassel, Sohn des Landgrafen Wilhelm IX. und der dänischen Prinzessin Caroline, mit großem Prunk und unter Teilnahme zahlreicher königlicher und fürstlicher Herrschaften gefeiert[2]. Damit wurde, so das pathetische Urteil des Historikers Philipp Losch, ein Ehebündnis besiegelt, das „allen Beteiligten wenig Glück, dem Hessenlande viel Unglück bringen sollte"[3].

Die Eheanbahnung

Die Verbindung war mehr als zwei Jahre zuvor angebahnt worden. Durch die Teilnahme am ersten Koalitionskrieg gegen Frankreich in arge Finanznöte geraten, beabsichtigte Friedrich Wilhelm II., das Defizit im preußischen Staatsetat durch eine millionenschwere Anleihe beim Landgrafen von Hessen-Kassel teilweise auszugleichen. Allerdings gestalteten sich die Unterhandlungen zu diesem Geschäft, zu denen Wilhelm von Sayn-Wittgenstein, ein intimer Kenner der hessen-kasselschen Verhältnisse[4], im Sommer 1794 nach Kassel entsandt worden war, weitaus schwieriger als erwartet, da der Landgraf die Gewährung des Darlehens an zahlreiche Bedingungen knüpfte[5].

Nachdem Wilhelm IX. im Dezember 1794 Wittgenstein endlich seine Zustimmung signalisiert und darüber hinaus die Anleihe auf 1,5 Millionen Taler erhöht hatte, reiste der königliche Abgesandte bereits Anfang 1795 wieder in die hessische Residenzstadt. Während dieser neuerlichen Mission beabsichtigte er nicht nur, dem Landgrafen die zugesagten Orden und Patente für einen seiner illegitimen Söhne zu überreichen, sondern der König hatte Wittgenstein ferner angewiesen, Wilhelm die Hand Augustes für den Erbprinzen anzutragen[6]. Auf diese Weise sollte zum einen die Auszahlung der Anleihe

31. Die 1785 gefertigte Deckelvase aus Porzellan zeigt das Porträt von Augustes Vater Friedrich Wilhelm II. (1744-1797), der 1786 preußischer König wurde (Anhang Nr. 3).

32. Die ebenfalls 1785 gefertigte Deckelvase aus Porzellan zeigt das Porträt von Augustes Mutter Friederike (1751-1805), einer geborenen Prinzessin von Hessen-Darmstadt, die 1786 preußische Königin wurde (Anhang Nr. 6).

33. Wilhelm Böttners Porträt des hessischen Landgrafen Wilhelm IX. (1743-1821; ab 1803 Kurfürst Wilhelm I.) von Hessen-Kassel, dem Schwiegervater Augustes, wurde um 1790 gemalt (Anhang Nr. 7).

34. Dieses 1787 ebenfalls von Wilhelm Böttner gemalte Familienbild zeigt den hessischen Landgrafen Wilhelm IX. (1743-1821) mit seiner Frau, der Landgräfin Wilhelmine Caroline (1747-1820), einer geborenen Prinzessin von Dänemark, und ihren Kindern: Prinz Wilhelm (1777-1847), dem späteren Ehegatten Augustes, Prinzessin Caroline (1771-1848) und Prinzessin Friederike (1768-1839). Im Hintergrund ist Schloß Gesundbrunnen bei Hofgeismar zu erkennen (Anhang Nr. 8).

gesichert oder zumindest forciert und zum anderen die politische Verbindung zwischen Preußen und der Landgrafschaft langfristig gesichert werden. Wilhelm IX. fühlte sich durch den Vorschlag des Königs geschmeichelt und erkannte die politische Bedeutung eines solchen Ehebündnisses. Gleichwohl hielt er Wittgenstein zunächst mit der Erklärung hin, daß er bereits mit England wegen einer Vermählung seines Sohnes in Verbindung stehe. Doch nur wenige Tage später teilte der Landgraf dem preußischen Unterhändler, dessen Ehevermittlung von einigen hessischen Ministern sowie Vertrauten des Landgrafen unterstützt worden war[7], mit, sein Sohn würde „sich äußerst glücklich schätzen die Hand und das Herz einer so liebenswürdigen und allgemein geliebten Prinzessin zu besitzen"[8]. Waren die letzten Wochen und Monate gekennzeichnet von der Verzögerungstaktik Wilhelms, überraschte er nun mit der unverzüglichen Sendung seines Oberhofmarschalls von Veltheim als Brautwerber nach Berlin[9]. Wittgenstein fürchtete gar, die Verbindung des Paares könnte bekannt gemacht werden, ohne daß die zugesagte Anleihe tatsächlich gezahlt werde. Um eine derart unglückliche Wendung zu vermeiden, erteilte Friedrich Wilhelm II. von Veltheim auf Anraten seines Vermittlers erst nach Abschluß der finanziellen Transaktion seine offizielle Zustimmung zu der Eheschließung[10].

Aufenthalt in Hanau

Nach den offiziellen Feierlichkeiten verbrachten die Jungvermählten zunächst einige Zeit am landgräflichen Hof in Kassel und siedelten schließlich im Mai 1797 nach Hanau über, das ihnen von Wilhelm IX. auf Wunsch seines Sohnes als Residenz zugewiesen worden war[11]. Die äußeren Rahmenbedingungen für ein beschauliches und sorgenfreies Zusammenleben waren gegeben: Der Hofstaat des Erbprinzenpaares umfaßte rund 50 Personen, und der Landgraf hatte für die Hofhaltung neben einem Jahresetat von 40.000 Talern ein beträchtliches Maß an Naturalien ausgesetzt. Zudem erhielten die Eheleute von Wilhelm IX., der sonst für seinen Geiz bis weit über die Grenzen Hessens hinaus bekannt war, noch rund 6.000 Taler für die Anschaffung einiger Luxusgüter[12].

Um Auguste die Eingewöhnung in ihre neue Heimat zu erleichtern, war ihre Oberhofmeisterin von Gundelach, die seit 1794 dem Hofstaat der Prinzessin in Berlin vorgestanden hatte, in gleicher Funktion mit nach Hanau gereist. Sie wurde in den folgenden Jahren nicht nur Augustes Vertraute, sondern hielt darüber hinaus Wittgenstein, sehr zum Mißfallen des Landgrafen, über das unerfreuliche Zusammenleben des Erbprinzenpaares auf dem Laufenden[13]. Denn obgleich sich Auguste und Wilhelm bei einem Besuch des Erbprinzen in Berlin im Herbst 1794 bereits gesehen hatten und während der Verlobungszeit zaghafte und schüchterne Briefe zwischen Kassel und Berlin ausgetauscht wurden[14], kannten sich die beiden vor der Eheschließung kaum. Die Tatsache, daß beide aufgrund ihrer Veranlagungen und Interessen nur sehr wenig gemein hatten[15] und daher ein harmonisches Zusammenleben nicht sehr wahrscheinlich war, hatte im Laufe der Eheanbahnung keinerlei Berücksichtigung gefunden. Es war wenig verwunderlich, daß die charakterlichen Unterschiede der Jungvermählten nur allzu bald zutage traten.

Auguste, die vielseitig gebildete und auf ihre königliche Abstammung überaus stolze Prinzessin, verbrachte ihre Zeit mit Malen oder Lesen und widmete sich sehr intensiv der Erziehung ihrer Kinder[16]. Ihr aufbrausender und zur Verschwendung neigender Gatte, der vom Landgrafen mit keiner sinnvollen Aufgabe betraut worden war, geriet unterdessen zunehmend unter den Einfluß seiner höfischen Umgebung, veranstaltete Trinkgelage und machte Schulden. Dies führte nicht nur zu heftigen Auseinandersetzungen mit seinem Vater[17], sondern belastete auch das ohnehin gespannte Verhältnis zu seiner Frau.

35. Das Gemälde des Kasseler Malers Andreas Range aus dem Jahr 1806 zeigt den Kurprinzen und Ehegatten Augustes, Wilhelm von Hessen-Kassel (1777-1847). Im Hintergrund ist das Herkules-Schloß in Kassel-Wilhelmshöhe zu erkennen (Anhang Nr. 34).

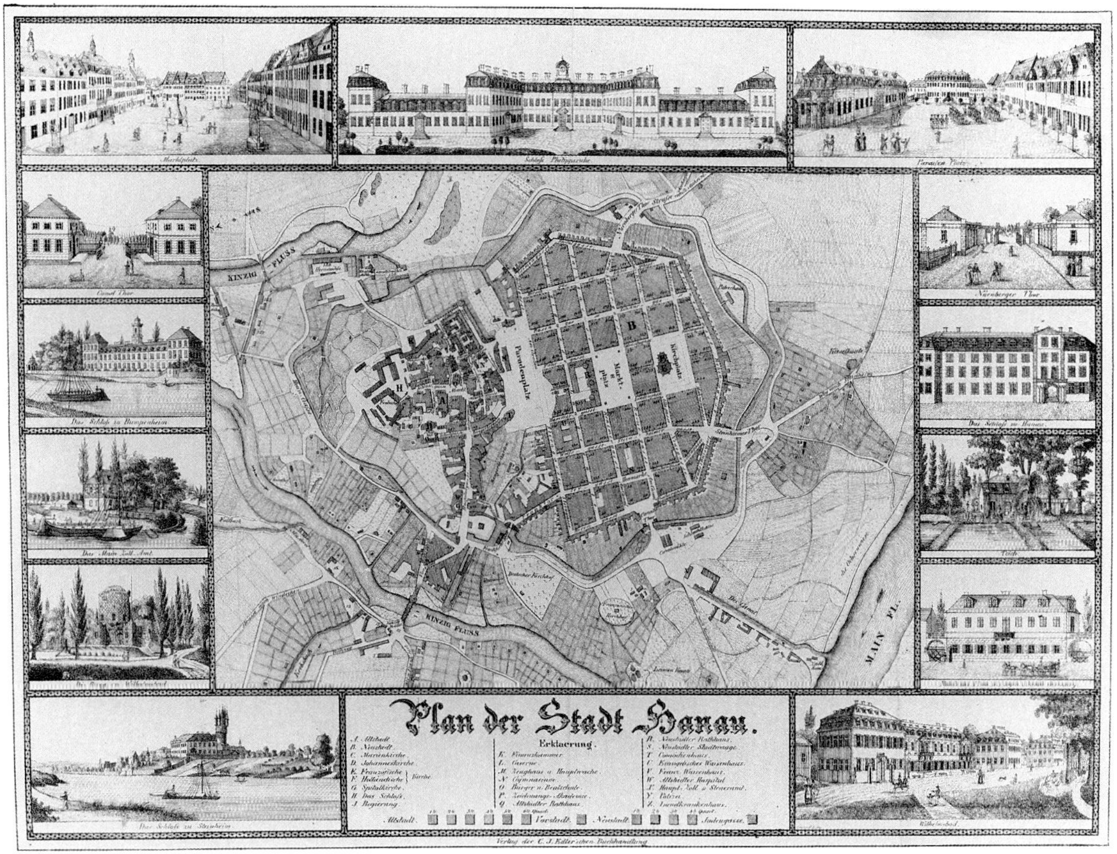

36. Hanau mit den Schlössern Philippsruhe und Wilhelmsbad spielte als Residenzstadt der hessischen Landgrafen eine wichtige Rolle. Augustes Ehegatte Wilhelm und dessen Geschwister wurden hier geboren, ebenso die fünf ersten Kinder von Auguste selbst, die mit ihrem Mann nach der Eheschließung in Berlin 1797 nach Hanau übersiedelte. Der lithographierte Plan aus dem Beginn des 19. Jahrhunderts zeigt die wichtigsten Schlösser, Plätze und Bauten von Hanau und seiner Umgebung (Anhang Nr. 68).

Die erste Krise

Bereits am 27. August 1800 beklagte Auguste in einem Brief an ihren Bruder, König Friedrich Wilhelm III., der 1797 die Nachfolge seines verstorbenen Vaters angetreten hatte, „la manière indigne dont le prince me traite depuis un ans et sept mois"[18]. Diesem Brief vorausgegangen war ein erster trauriger Höhepunkt in dem unglücklichen Eheverhältnis, dem in den kommenden Jahren noch zahlreiche weitere folgen sollten. Während eines Besuchs seiner Schwägerin, der Erbprinzessin Wilhelmine von Oranien, hatte Wilhelm seine Gattin im Verlauf einer heftigen Auseinandersetzung tätlich angegriffen[19]. Die junge Prinzessin, entsetzt über dieses Verhalten, wandte sich daraufhin hilfesuchend an ihren Schwiegervater und bat diesen inständig, Wilhelm für einige Zeit aus Hanau zu entfernen. Der Landgraf leistete ihrem Wunsch unverzüglich Folge und verbannte den Erbprinzen nach Eschwege, wo er als Generalleutnant der Armee ein Jahr bei seinen Truppen verbringen sollte. Auf diese Weise wollte der Landgraf seinen ungeliebten Sohn nicht nur demütigen, sondern er beabsichtigte auch, die Gelegenheit zu nutzen, um den erst kurz zuvor nur unwillig erhöhten Hofetat des Erbprinzenpaares wieder zu kürzen. Die Entsendung nach Eschwege erachtete Auguste als ausreichende Maßregelung. Daher lehnte sie eine offizielle Intervention seitens des Berliner Ho-

37. Das Reliefbild eines unbekannten Künstlers zeigt den Kurprinzen Wilhelm von Hessen-Kassel (1777-1847) im ersten oder zweiten Jahrzehnt des 19. Jahrhunderts (Anhang Nr. 37).

fes ab. Dennoch bemühte sich Wittgenstein, der seit 1797 in Kassel den Posten des preußischen Gesandten bekleidete, mit Genehmigung Friedrich Wilhelms III. zwischen den zerstrittenen Parteien zu vermitteln, um eine weitere Eskalation der hessen-kasselschen Familienstreitigkeiten zu verhindern. Er fürchtete nämlich, daß die Abwesenheit des Erbprinzen nicht nur zum endgültigen Bruch zwischen Vater und Sohn, sondern auch zum unwiderruflichen Scheitern der Ehe führen könnte, denn „bis jetzt haben der Herr Erbprinz nie eine Zuneigung für eine andere Dame gezeigt, durch einen allzulangen Aufenthalt in Eschwege aber, würde die geringere Classe von Menschen die S[ein]e Durchlaucht umgeben, Gelegenheit finden, diesen jungen Herrn auf einen solchen Abweg zu bringen"[20].

Bereits nach wenigen Tagen, in denen der allseits geachtete preußische Gesandte zahlreiche Gespräche mit der Erbprinzessin, dem Landgrafen und seiner Gattin sowie den landgräflichen Staatsministern führte, konnte er alle Parteien von der Notwendigkeit einer möglichst raschen Versöhnung überzeugen. Auf Drängen Augustes hob der Landgraf schließlich die Verbannung seines Sohnes wieder auf. Gleichwohl schien weder die Erbprinzessin noch Wittgenstein auf eine langfristige Beilegung der Ehestreitigkeiten zu vertrauen. Vielmehr verfaßte der preußische Gesandte auf Anregung Augustes eine vertragli-

38. Das nach Burys Ölgemälde (Abb. 68) radierte Porträt der Kurfürstin Auguste (1780-1841) von Ludwig Emil Grimm aus den 20er Jahren des 19. Jahrhunderts war innerhalb des kurhessischen Bürgertums weit verbreitet und ist ein Dokument für die Beliebtheit der Kurfürstin beim Volk (Anhang Nr. 26).

che Versicherung, welche mit Genehmigung des Landgrafen von Wilhelm vor dessen Rückkehr nach Hanau unterzeichnet werden sollte. Für den Fall nämlich, daß sich der Erbprinz „nochmalen der Heftigkeit seines auffahrenden Temperaments überließe"[21], forderte Auguste sowohl die Trennung von ihrem Gemahl als auch die alleinige Verantwortung für die Erziehung der gemeinsamen Kinder. Zudem verlangte sie, daß der Erbprinz nicht mehr willkürlich über ihren Hofstaat verfügen könne, da dies in der Vergangenheit bereits häufig der Anlaß zu heftigen Auseinandersetzungen gewesen sei. Diese Versicherung kam jedoch trotz der anfänglichen Unterstützung durch den Landgrafen nicht zustande, da Wilhelm IX. nach Rücksprache mit seinen Beratern argwöhnte, die Erbprinzessin könne die Landgrafschaft mit den Kindern verlassen und dauerhaft an den Hof ihres Bruders übersiedeln. Während Auguste befürchtete, daß ohne eine schriftliche Vereinbarung neuerliche Streitigkeiten unvermeidlich wären, konnte Wittgenstein sie überzeugen, daß nach einer weiteren Entgleisung Wilhelms „man alles erhalten könne, was die Frau Erbprinzessin immer wünschen dürften um wegen der Zukunft ganz sicher gestellt zu seyn"[22]. Außerdem wäre für ihre Sicherheit ausreichend Vorsorge getroffen, da der Landgraf dem Gouverneur von Hanau in einer geheimen Instruktion befohlen habe, den Erbprinzen in einem solchen Falle festzunehmen. Allerdings

39. Das aus dem ersten Drittel des 19. Jahrhunderts stammende Gemälde eines unbekannten Künstlers zeigt den hessischen Kurprinzen Wilhelm II. (1777-1847) durch Uniform und Ordenszeichen in staatsmännischer Haltung (Anhang Nr. 35).

erkannte der preußische Gesandte, daß auch Augustes Verhalten eine dauerhafte Aussöhnung mit ihrem Gatten gefährden könnte. Daher bat er den preußischen König, seiner Schwester „den Rath zu ertheilen, daß höchstdieselben in einem solchem Falle mit einiger Vorsicht zu Werke gehe, damit nicht durch eine zu große Nachgiebigkeit oder durch zu voreilige Äußerungen Ihro Königliche Hoheit zu früh zu Erklärungen verleitet werden können, die Ihnen nachher bey einem alsdann zu treffenden Arrangement nachtheilig wären"[23]. Schließlich kehrte Wilhelm Anfang September 1800 nach Hanau zurück, und von allen Seiten wurde die Beilegung des Familienzwistes freudig begrüßt.

Von einem Ausgleich konnte allerdings in Wahrheit nicht die Rede sein. Vielmehr waren die folgenden Jahre von unzähligen heftigen Konflikten gekennzeichnet, in denen Wittgenstein immer wieder zu vermitteln suchte. Zudem machte Wilhelm neuerliche Schulden, so daß auch Auseinandersetzungen mit seinem Vater an der Tagesordnung blieben[24].

Exil in Berlin

Im Jahre 1806 verließ die Kurprinzessin angesichts der sich dramatisch verschlechternden politischen Großwetterlage[25] das Kurfürstentum und reiste nach Berlin, um am Hof ihres

40. Die Bleistiftzeichnung Ludwig Emil Grimms zeigt die Kurfürstin Auguste (1780-1841) in ernster, nachdenklicher Miene. Im Hintergrund angedeutet ist Schloß Schönfeld (Anhang Nr. 24).

Bruders die Geburt eines weiteren Kindes zu erwarten[26]. Dort kam es im Dezember desselben Jahres auch zu einer Begegnung mit dem französischen Kaiser, denn das Wochenbett hinderte Auguste als einziges Mitglied der königlichen Familie an einer weiteren Flucht vor dem Sieger der Schlacht bei Jena. Napoleon behandelte Auguste äußerst zuvorkommend. Nachdem sie ihn gebeten hatte, für die Dauer ihres Aufenthaltes in Berlin ihren Etat aus Hessen weiter beziehen zu können, setzte er ihr sogar eine ansehnliche Pension aus[27].

Getrennt von ihrem Ehemann, der erst 1809 zu seiner Familie nach Berlin kam, verfolgte Auguste mit Strenge und Beharrlichkeit die Ausbildung ihrer Kinder[28]. Sie selbst lernte Italienisch[29], nahm bei dem hessischen Maler Friedrich Bury Mal- und Zeichenunterricht und unternahm einige Reisen nach Karlsbad und Dresden[30]. Die Beziehung zu ihrem Gatten hatte sich freilich während dessen Abwesenheit nicht gebessert. Im Gegenteil, bereits kurz nach der Wiedervereinigung der Familie kam es zum endgültigen Bruch zwischen den Eheleuten. Verärgert über neuerliche Zusammenstöße, teilte Auguste ihrem Gatten mit, daß ihr „letztes elendes Wochenbett" sie endgültig davon überzeugt habe, keine „unglücklichen und kränklichen Kinder" mehr zu bekommen. „Ich wiederhole also, was ich Dir schon öfters im vertrauten Gespräch gesagt habe, daß ich es nach meiner inneren Über-

41. Augustes Bruder, Friedrich Wilhelm III. (1770-1840), wurde 1797 König von Preußen. Das Gemälde Wilhelm Böttners entstand Ende des 18. Jahrhunderts (Anhang Nr. 11).

zeugung und nach meinem festen Entschluß, fürs Vernünftigste halte, den längst zwischen uns abgebrochenen ehelichen Kontakt gänzlich aufzuheben". Dennoch sei sie nach dem „Zustandekommen eines Arrangements bereit, weiter mit Dir an einem Tisch zu speisen und von dem mir bestimmten Etat das nothwendige zur Hofhaltung beizutragen"[31]. Doch die Hoffnung, nun ein Leben ohne die ständigen Streitereien führen zu können, erfüllte sich nicht, zumal der Kurprinz während des Aufenthaltes in Berlin die Juweliers-tochter Emilie Ortlöpp kennen und lieben lernte[32]. Diese Beziehung sollte in den folgenden Jahren nicht nur Augustes Leben, sondern auch die politische Entwicklung im Kurfürstentum nachhaltig beeinflussen.

Heimkehr nach Kassel

Nach der Wiederherstellung des Kurfürstentums war Auguste wenig begeistert, dem Kurprinzen in die hessische Heimat zu folgen. Sie teilte ihrem Bruder mit, daß sie eine Einladung ihres Mannes erhalten habe, gemeinsam mit den Kindern nach Kassel zurückzukehren und „ne voulant pas lui donner un sujet de mécontement pour l' avenir je crois être obligé d'exécuter ses volontés. Je partirai demain avec une petite suite et laisserai tous mes effets et mes gens ici"[33].

In der hessischen Residenzstadt bezog sie mit den Kindern das Rotenburger Palais am Königsplatz. Vom Kurfürsten wurde ein neuer Hofstaat ernannt und der Hofetat des Erbprinzenpaares auf 42.000 Taler festgelegt[34]. Aber wie in Berlin angekündigt, blieb ihre Hofhaltung von der ihres Gatten getrennt. Die Zusammenkünfte der kurprinzlichen Familie beschränkten sich auf die gemeinschaftliche Tafel[35].

Doch selbst während dieser wenigen Begegnungen kam es immer wieder zu Meinungsverschiedenheiten. Ein neuerlicher Eklat ereignete sich am 22. August 1815. Diese Auseinandersetzung unterschied sich von den vorausgehenden durch die breite Öffentlichkeit, die nunmehr von der kurprinzlichen Ehemisere Kenntnis erhielt. Der Streit entzündete sich an dem Vorwurf des Erbprinzen, seine Gemahlin würde die gemeinsamen Kinder dem Vater nicht nur entfremden, sondern sie darüber hinaus gegen ihn aufwiegeln[36]. Auguste brachte ihrerseits das Verhältnis ihres Gatten zu Emilie Ortlöpp zur Sprache, denn ihr war keineswegs verborgen geblieben, daß die Favoritin des Kurprinzen, die ihrem Geliebten im Sommer 1814 nach Hessen gefolgt war, ein Haus in der Karlsstraße bewohnte und Wilhelm sehr viel Zeit dort verbrachte[37]. Was mit einem heftigen Wortgefecht begann, eskalierte nun vollends. Der Kurprinz wurde nicht nur handgreiflich, sondern er soll sogar

„mit einem Messer in der Hand pérorirt [laut und mit Nachdruck geredet, H.H.]"[38] haben. Auguste fürchtete nun um ihr Leben, zumal ihr Gatte in seiner Erregung äußerte, daß „so lange Sie beyde lebten, wohl kein Glück für ihn statt haben könnte"[39]. Sie flüchtete mit den Kindern zu Wilhelm I.[40] auf dessen Sommersitz Schloß Wilhelmshöhe. Dort erklärte sie ihrem Schwiegervater unmißverständlich, daß sie sich fortan weigern werde, mit ihrem Gatten in der gleichen Stadt zu leben[41]. Dem Kurfürsten war dieser neuerliche Zwischenfall mehr als unangenehm, da er befürchten mußte, daß das Verhältnis zu Preußen durch die Eskapaden seines Sohnes nachhaltig belastet werden könnte. Er verbannte den Kurprinzen zunächst auf das Landgut Ried in der Nähe von Fulda und untersagte ihm, vorerst nach Kassel zurückzukehren. Wilhelm war mit dieser Maßregel keineswegs einverstanden, zumal „nichts Wichtiges außer einer Übereilung vorgefallen" sei. Vielmehr habe ihn die Kurprinzessin stets mit Unfreundlichkeit behandelt und „dadurch auf einen hohen Grad des Schmerzes gebracht, weil Ich Ihr noch immer als Freund und bey einem nicht mehr intimen Umgang zu hallten geneigt war". Daher wünsche er nun ebenfalls die „Separation" von seiner Gattin, „die Ich unter denen Umständen für unwiederruflich ansehe"[42].

Der Kurfürst schenkte den Beteuerungen seines Sohnes jedoch keinen Glauben. Gleichwohl beabsichtigte er, diese neuerliche Entgleisung geheimzuhalten und im Stillen einen Ausgleich, allenfalls unter preußischer Vermittlung, herbeizuführen. Da der Kurprinz befürchtete, daß die „Preußische Parthei" seine Abwesenheit aus Kassel ausnutzen werde, um „Ihm auch für die Zukunft böse Streiche zu spielen" und den Kurfürsten ganz für sich einzunehmen, wandte er sich nur zwei Tage nach dem Zwischenfall mit der Bitte an den österreichischen Gesandten Graf Buol von Schauenstein, eine Versöhnung mit seinem Vater zu vermitteln. Im gleichen Sinne ließ die Kurfürstin ihren Oberhofmeister bei Buol vorsprechen. Dessen inoffizieller Besuch auf Wilhelmshöhe brachte allerdings nicht den gewünschten Erfolg[43].

Dies blieb nicht der einzige Vermittlungsversuch in der kurhessischen Familientragödie. In den nächsten Tagen gaben sich vielmehr die Fürsprecher Wilhelms in der kurfürstlichen Sommerresidenz die Klinke in die Hand[44]. Als obendrein eine Deputation der Kasseler Bürgerschaft beim Kurfürsten die Rückkehr des Kurprinzen erbitten wollte, ohne freilich vom Landesherrn empfangen zu werden, zeigte sich, daß die Affäre inzwischen über die Hofkreise hinaus bekannt war und Anlaß zu allerlei Vermutungen und Gerüchten über die Eheverhältnisse des Kurprinzenpaares gegeben hatte[45].

42. Augustes Sohn Friedrich Wilhelm (1802-1875), hier in staatsmännisch ernster Manier von einem unbekannten Künstler um die Mitte des 19. Jahrhunderts porträtiert, wurde 1831 Mitregent und war nach dem Tode seines Vaters 1847 der letzte deutsche Kurfürst (Anhang Nr. 50).

Da nunmehr eine schnelle Aussöhnung kaum möglich erschien, teilte der Kurfürst seinem Sohn mit, daß er sich „unverweilt nach Hanau zu begeben" habe und fügte hinzu, er erwarte, „daß solchem unbedingt Folge geleistet werde"[46]. Wilhelm war dazu keineswegs bereit. Seine Verärgerung über die neuerliche Verbannung kannte keine Grenzen. „Die Ausbrüche des Hasses gingen soweit, daß der Kurprinz in beysein seiner Adjutanten und Domestiken in die stärksten Verwüstungen gegen seinen Vater ausfiel und ganz laut von dem Plan sprach, denselben mit einem LandwehrCommando in Wilhelmshöhe zu überfallen, gefangen auf die Löwenburg zu setzen und dort umkommen zu lassen"[47]. Der Kurfürst, dem dies unverzüglich hinterbracht wurde, nahm die Drohungen durchaus ernst und ließ die Wachen auf Wilhelmshöhe verdoppeln sowie scharfe Munition ausgeben. Seine Minister und der preußische Gesandte bedrängten ihn gar, eine offizielle Untersuchung gegen den Kurprinzen einzuleiten und zur Sicherung des Landes eine Konstitution zu erlassen. Dies ging dem Kurfürsten aber doch zu weit. Er lehnte eine offizielle Untersuchung der Angelegenheit ab. Allerdings blieb die Episode nicht ohne Einfluß auf Wilhelms Entschluß, eine Verfassung ausarbeiten zu lassen[48]. Der Kurprinz konnte schließlich in Ried bleiben, und der Kurfürst setzte zur Beilegung des Konflikts und zur endgültigen Klärung des Verhältnisses des Erbprinzenpaares eine

Kommission ein, die einen für alle Seiten akzeptablen Vertrag aushandeln sollte[49].

Im September und Oktober 1815 trat diese Kommission zu mehreren Verhandlungsrunden zusammen, da zwischenzeitlich immer wieder Rücksprache mit dem Kurfürsten und dem Erbprinzenpaar gehalten werden mußte. Heftige Diskussionen gab es besonders um die Höhe der zukünftig getrennten Hofetats sowie um die Erziehung des Prinzen Friedrich Wilhelm[50]. Neuerliche Eskapaden des Kurprinzen, der mehrmals heimlich in die Residenzstadt zurückkehrte und Pferde aus Augustes Gespannen mit nach Ried nahm, erschwerten die Verhandlungen[51]. Zudem zweifelte er nicht nur an der Aufrichtigkeit Schenks, sondern vermutete hinter der ganzen Angelegenheit ein Komplott seiner Gattin, Preußens und seines Onkels Landgraf Friedrich[52] mit dem Ziel, seine zukünftige Regierungsübernahme zu vereiteln[53].

Ende Oktober kam der Vertrag schließlich doch zustande. Die Hofhaltungen des Kurprinzenpaares wurden endgültig getrennt und Auguste, unter Beibehaltung ihres Palais in Kassel, auf Wunsch Hanau als Residenz angewiesen. Jeder der Parteien wurde ein Etat von 26.000 Talern bewilligt, womit allerdings ein jeweils vergrößerter Hofstaat finanziert werden mußte. Was die gemeinsamen Kinder betraf, so blieben die beiden Prinzessinnen bei ihrer Mutter, während Prinz Friedrich Wilhelm seine Ausbildung in Leipzig fortsetzen sollte[54].

Jahre der Ruhe

Damit schienen die Streitigkeiten innerhalb der kurprinzlichen Familie beigelegt, denn bereits am 25. Oktober 1815 nahmen Auguste und Wilhelm gemeinsam an einem Diner zu Ehren des preußischen Kronprinzen in der hessischen Residenzstadt teil. Anfang November verließ die Kurprinzessin mit ihren Kindern ihr Palais und reiste mit ihrem Hofstaat nach Hanau, wo sie „mit dem größten und allgemeinsten Jubel empfangen"[55] wurde. Ausschlaggebend für das relativ gute Einvernehmen zwischen Auguste und ihrem Gemahl war jedoch weniger der Abschluß der vertraglichen Übereinkunft als vielmehr die Tatsache, daß sich beide Parteien in den folgenden Jahren beinahe ausschließlich bei offiziellen Anlässen begegneten.

Die Kurprinzessin führte ein sehr bescheidenes und zurückgezogenes Leben. Sie unternahm zahlreiche Reisen und zeigte sich nur selten in der Öffentlichkeit. Gleichwohl nahm ihre Popularität bei der hessischen Bevölkerung ständig zu. Der bayerische Gesandte Freiherr Johann Adam von Aretin berichtete 1818 nach München: „die ChurPrinzeßin, [...] ist allgemein um so mehr verehrt, je weniger

43. Die aquarellierte Zeichnung Ludwig Emil Grimms aus dem Jahr 1822 zeigt die Kurfürstin Auguste (1780-1841) mit ihren Kindern Marie (1804-1888), Friedrich Wilhelm (1802-1875) und Caroline (1799-1854) im Park von Schloß Schönfeld (Anhang Nr. 28).

man mit dem Betragen Ihres Gemahls zufrieden ist. Sie besitzt wirklich liebenswürdige Eigenschaften, und das große Verdienst, Ihren Kindern eine vortreffliche Erziehung zu geben. [...] Die ChurPrinzeßin beschäftigt sich viel mit Zeichnen und selbst mit Oelmahlerei, worin sie es zu einer seltenen Ausbildung gebracht hat. [...] Es ist selbst ein Geist von genialer Originalität, der aus den Kunstprodukten der ChurPrinzeßin hervorgeht, und sich auch sonst, bis auf die Wahl der Kleidung äußert, bei welcher Sie jedoch immer altdeutsches Kostüm zum Grunde legt"[56].

Mit dem Tode Wilhelms I. am 27. Februar 1821 übernahm der Kurprinz als Kurfürst Wilhelm II. die Leitung der Staatsgeschäfte, und Auguste wurde Kurfürstin von Hessen-Kassel. Sie glaubte allerdings nicht, daß dies größere Veränderungen nach sich ziehen würde. Am 11. März schrieb sie an Karl Wilhelm Justi: „(Der Tod des Kurfürsten) hat mich dem Namen nach eine Stufe höher gebracht. Mein Wirkungskreis bleibt der nämliche außer daß ich vielleicht im Stande sein werde etwas mehr für die Armen zu thun"[57].

Das erste Jahr als Kurfürstin

Nach der Regierungsübernahme leitete Wilhelm II. ein umfassendes Reformprogramm ein, das neben der Modernisierung der Zivil-

44. Die im Sommer 1840 entstandene Bleistiftzeichnung Ludwig Emil Grimms zeigt eine Gruppe von Spaziergängern im Park von Schloß Schönfeld. Links und rechts neben der Kurfürstin sind Jacob und Wilhelm Grimm zu erkennen, die nach ihrer Amtsenthebung in Göttingen von 1837/38 bis 1840 wieder in Kassel lebten und im November 1840 von dem preußischen König Friedrich Wilhelm IV. nach Berlin berufen wurden; dahinter gehen Ludwig Emil Grimm und seine Frau Marie sowie Wilhelm Grimms Frau Dorothea und die Prinzessin Caroline; die dargestellten Kinder sind wohl Herman, Rudolf und Auguste (Wilhelm Grimms Kinder) sowie Ludwig Emil Grimms Tochter Ideke (Anhang Nr. 59).

verwaltung, der Reorganisation des Militärwesens sowie des Polizeiapparates[58] auch die Umstrukturierung der Hofverwaltung beinhaltete. Die Hofhaltung war während der Regentschaft Wilhelms I., unter dessen Knauserigkeit das ganze Land zunehmend gelitten hatte, sehr sparsam und bescheiden gewesen. Besonders die Geschäftsleute der Residenzstadt Kassel, die vom höfischen Luxus des westphälischen Königs Jérôme lange Jahre profitiert hatten, hofften, daß unter dem neuen Kurfürsten an diese Zeiten angeknüpft werde[59]. Ihre Erwartungen sollten erfüllt werden, denn nachdem die Hofverwaltung durch das Organisationsedikt vom 1. Mai 1821[60] umfassend ausgebaut und umgestaltet worden war, erhöhte der Kurfürst großzügig die finanziellen Mittel für die verschiedenen Verwaltungszweige. Diese Maßnahmen erstreckten sich auch auf die Hofhaltung der Kurfürstin[61].

Bis zum Tode Wilhelms I. hatte Augustes Hofstaat, der mit dem ihrer Töchter vereinigt war, knapp 30 Personen umfaßt, und der österreichische Gesandte bemerkte überrascht, daß Auguste „n'ayant pour suite qu'un Chambellan et deux Dames"[62]. Der Hofstaat war dem kurfürstlichen Hofmarschallamt, das alle Entscheidungen hinsichtlich der personellen Zusammensetzung sowie der ökonomischen Verhältnisse traf, direkt unterstellt. Mit dem Umbau der Hoforganisation wurde bei der Kurfürstin ein eigenes Hofmarschallamt ein-

45. Die im Januar 1841 entstandene Bleistiftzeichnung Ludwig Emil Grimms zeigt einen Empfang bei der Kurfürstin Auguste, der wohl im Kasseler Bellevueschloß stattfand. Die dargestellten Personen sind wie folgt bezeichnet: „v. Osterhausen Hofmarschall., Louis [Ludwig Emil Grimm], Wilhelm [Grimm], Fräul. v. Osterhausen, Jacob [Grimm], F[r]äul. v. Gall, Fräul. v. Stockhausen Schlüßeldame Pr. Karoline, Kurfürstin, Kammerdiener Oberhof v. Rumel" (Anhang Nr. 60).

gerichtet. Dieses stand zwar unter der Kontrolle des kurfürstlichen Oberhofmarschallamtes, dort mußten jedoch nur einmal jährlich alle Rechnungen zur Revision vorgelegt werden, so daß die Hofhaltung Augustes eine gewisse Eigenständigkeit erlangte. Neben den strukturellen Veränderungen wurde ihr Hofstaat auch personell aufgestockt. Diesem gehörten nunmehr rund 60 Personen an[63].

Eine deutliche Erhöhung erfuhr auch der Hofetat der Kurfürstin, der künftig den Betrag von 47.952 Talern jährlich sowie eine deutlich gesteigerte Menge an Naturalien umfassen sollte. Zusätzlich hatte Wilhelm II. ihre Schatullgelder, eine Summe, die zur Bestreitung der persönlichen Bedürfnisse bewilligt wurde, von 6.000 auf 15.000 Taler angehoben[64].

Als Wohnsitz wurde Auguste und ihren Töchtern, unter Beibehaltung der Räumlichkeiten im Schloß zu Hanau, das Bellevue-Schloß, ehedem die Residenz der Favoritin Wilhelms I., angewiesen. Zudem schenkte ihr Wilhelm II. zu ihrem ersten Geburtstag als Kurfürstin am 1. Mai 1821 das Schlößchen Schönfeld vor den Toren Kassels[65].

Allerdings sicherte Wilhelm II. nicht nur großzügig die materiellen Verhältnisse seiner Gattin. Nachdem er seine Mätresse zur Gräfin Reichenbach erhoben hatte, zog diese mit den gemeinsamen Kindern in das Kurfürstliche

46. Das Kurfürstliche Residenzpalais am Kasseler Friedrichsplatz diente nach 1821 auch der Gräfin von Reichenbach und ihren Kindern als Wohnsitz. Die von Johann Heinrich Martens nach Conrad Löwer gefertigte Darstellung stammt etwa aus dem Jahr 1840 (Anhang Nr. 76).

Palais am Friedrichsplatz. Gleichwohl gestaltete sich das Verhältnis zwischen Auguste und ihrem Gemahl im ersten Regierungsjahr freundlich. Der württembergische Gesandte Graf Georg Ernst von Winzingeroda berichtete gar: „Die Kurfürstin soll mit allen getroffenen Einrichtungen zufrieden und einverstanden seyn und Cassel freut sich der freundschaftlichen Verhältniße seiner hohen Herrschaft"[66]. Entscheidend für das gute Einvernehmen zwischen dem Kurfürstenpaar war freilich Augustes Bereitschaft, die Gräfin Reichenbach zu einem Antrittsbesuch zu empfangen und ihr darüber hinaus bei Hofe die gleiche Behandlung zuzusichern, welche bereits die Mätresse Wilhelms I. erfahren hatte[67].

Das Entgegenkommen Augustes und ihr offensichtliches Bemühen, dadurch neuerliche Streitigkeiten zu vermeiden, wurden allgemein anerkannt. Der österreichische Gesandte Graf Caspar Philipp Spiegel urteilte: „Jeder vernünftige und unbefangene Mann fand in diesem Mittelweg alles erschöpft, was sich nur mit Anstand der Frau Kurfürstin zumuthen ließ, und hoffte daß es dabei sein Bewenden haben möchte"[68]. Allerdings sollten sich diese Hoffnungen nicht erfüllen.

Neuerliche Auseinandersetzungen

Bereits 1822 kam es wieder zu heftigen Zusammenstößen, da Auguste nicht gewillt war, ihrem Gatten in Bezug auf die Gräfin Reichenbach weitere Zugeständnisse zu machen, zumal der Kurfürst inzwischen seine Mätresse zur „Erste(n) Dame bey Hof"[69] bestimmt hatte.

Doch mit der Regierungsübernahme Wilhelms II. erhielt der anhaltende kurhessische Familienzwist zunehmend eine politische Dimension. Nachdem zunächst in den Berichten des preußischen Gesandten aus Kassel immer häufiger von dem schlechten Betragen des Kurfürsten gegenüber seiner Gattin die Rede war, und die diplomatischen Beziehungen zwischen Kassel und Berlin aufgrund weitreichender Differenzen sogar zeitweilig abgebrochen wurden, war die Situation für Friedrich Wilhelm III. nicht länger tragbar[70]. Als der Kurfürst schließlich anläßlich des Besuchs der Königin der Niederlande, der Schwester Augustes und Friedrich Wilhelms III., ostentativ nach Fulda reiste und jegliche Ehrbezeugung für den hohen Gast untersagte, sandte der preußische König im Juli 1822 den aus dem Kurfürstentum stammenden preußischen Oberpräsidenten Friedrich von Motz als Vermittler nach Kassel[71]. Selbst Auguste schien wenig überzeugt, daß dieser neuerliche Schlichtungsversuch Erfolg haben könnte. Sie schrieb an ihren langjährigen Vertrauten Fürst von Sayn-Wittgenstein: „Ich muß bedauern, lieber Fürst, daß ihre Geschäfte es Ihnen nicht erlauben, auf einige Tage nach Kassel zu kommen, um mit dem Kurfürsten zu sprechen im

Namen des Königs, da Sie alle früheren Verhältnisse genau kennen und bis jetzt noch immer am besten mit ihm fertig geworden sind"[72].

Ihre Befürchtungen sollten sich bestätigen; die Mission des Unterhändlers scheiterte, und der Bericht, welchen dieser nach Berlin sandte, ließ zudem für die Zukunft wenig Erfreuliches erwarten. Motz schilderte nicht nur die „gehässigsten Gesinnungen", die der Kurfürst für seine Gemahlin hegte, sondern er berichtete ferner von Gewalttätigkeiten Wilhelms II. gegen seine Dienerschaft sowie von dessen zunehmendem Alkoholkonsum. Tief beunruhigt von den herrschenden Verhältnissen empfahl er dem König sogar, Truppen nach Kassel zu entsenden und die hessische Residenzstadt so lange zu besetzen, bis der Familienzwist durch ein schiedsrichterliches Urteil endgültig beigelegt worden sei[73].

Doch der König war nicht gewillt, militärisch zu intervenieren. Vielmehr konnte er Wittgenstein schließlich doch für einen erneuten Schlichtungsversuch gewinnen. Aufgrund des Vertrauens, das dieser bei den zerstrittenen Parteien genoß, gelang es ihm, wiederum einen Ausgleich zu vermitteln. Mit dem Vertrag vom 28. September 1822 sollten „alle bisher bestandenen Irrungen [...] für die Zukunft [...] für entfernt betrachtet und insofern der Vergessenheit übergeben, somit ein freundschaftliches hierdurch zugesagtes Verhältnis begründet" werden. Die bereits getroffenen Einrichtungen hinsichtlich des Hofetats sowie der Residenz der Kurfürstin und ihrer Töchter wurden bestätigt. Darüber hinaus gehörte die Ernennung der niederen Dienerschaft nunmehr zum Geschäftsbereich des neugeschaffenen Hofmarschallamtes, während Auguste bei der Besetzung der weiblichen Hofchargen ein Vorschlagsrecht eingeräumt wurde. Als Gegenleistung verpflichtete sich die Kurfürstin, die Gräfin Reichenbach nicht nur bei allen offiziellen Veranstaltungen außerhalb, sondern auch bei Hoffesten in ihrem eigenen Palais, bei denen nach Hofliste eingeladen wurde, zu empfangen[74].

Aber auch der Abschluß dieses neuerlichen Vertrages führte nicht zu einer endgültigen Beilegung des Familienzwistes. Während nämlich Auguste die Stellung der Gräfin Reichenbach nunmehr anzuerkennen schien, weigerte sich Kurprinz Friedrich Wilhelm weiterhin strikt, der Mätresse seines Vaters Zugeständnisse zu machen. Wilhelm II. vermutete, daß Auguste den Kurprinzen in dieser Haltung bestärkte, um eine Aussöhnung zwischen Vater und Sohn zu verhindern[75]. Zudem war dem Kurfürsten keineswegs verborgen geblieben, daß sich am Hof seiner Gemahlin ein Oppositionskreis formiert hatte, an dessen Treffen im Schlößchen Schönfeld mitunter auch der Kurprinz teilnahm[76]. Die heftigen

Auseinandersetzungen innerhalb der kurhessischen Regentenfamilie fanden somit auch in den folgenden Jahren eine Fortsetzung[77].

Am Hof in Berlin stießen die zerrütteten Familienverhältnisse in Kassel, von denen in den Berichten des preußischen Gesandten immer wieder ausführlich die Rede war, zunehmend auf Unverständnis und Desinteresse. „Man ist diese Sachen hier so müde, daß man gar nichts mehr davon hören mag; ich bitte daß Sie, mir davon nur im höchsten Nothfall schreiben; es will kein Mensch von den dortigen Verhältnissen etwas hören, es ist wirklich nicht auszuhalten"[78].

Erneutes Exil

Auch die Kurfürstin war der ständigen Auseinandersetzungen mit ihrem Gatten überdrüssig. Um der unerquicklichen Situation zu entfliehen, unternahm sie zahlreiche Reisen. Neben Aufenthalten in den Bädern Hofgeismar und Wilhelmsbad verbrachte sie oft mehrere Monate in Meiningen am Hof ihrer Tochter Marie, die im März 1825 den Herzog Bernhard von Sachsen-Meiningen geheiratet hatte[79]. Von einem dortigen Besuch kehrte sie im Sommer 1826 nur kurz in die hessische Residenzstadt zurück, um sich anschließend mit ihrer älteren Tochter Caroline an den Hof ihrer Schwester ins niederländische Haag zu begeben. Offiziell wurde in Kassel lediglich von einer Besuchsreise der Kurfürstin berichtet, jedoch sollte ihre Abwesenheit länger als drei Jahre dauern. Nur einen Monat später verließ auch der Kurprinz nach erneuten Zusammenstößen mit seinem Vater das Kurfürstentum. Allerdings folgte er nicht seiner Mutter, sondern ließ sich am Hof seines Onkels in Berlin nieder[80].

Auch im fernen Haag war Auguste umfassend über die Verhältnisse am kurhessischen Hof sowie die verschiedenen Vermittlungsversuche in der Familienstreitigkeit unterrichtet, denn sie stand während der gesamten Zeit ihres Exils in engem Kontakt mit ihrem langjährigen Vertrauten Wittgenstein. Dieser erstattete ihr nicht nur immer wieder ausführlich Bericht, sondern ließ ihr auch Abschriften des offiziellen Schriftverkehrs zwischen Kassel und Berlin zukommen[81]. Wittgenstein, 1819 zum preußischen Hausminister avanciert, war darüber hinaus bemüht, die Kurfürstin ihrerseits zum Einlenken zu bewegen. Im Juli 1827 regte er an, daß Auguste „Meiningen zu einem künftigen Aufenthalt wählen könnte"[82]. Die Etablierung der Kurfürstin am Hof ihrer Tochter - und damit auf „neutralem Boden" - sollte nicht nur das gespannte Verhältnis zwischen Kurhessen und Preußen entlasten, sondern Wittgenstein sah darin auch eine Möglichkeit zur Aufnahme von direkten Verhandlungen zwischen den zerstrittenen Parteien.

Auguste zog es allerdings vor, sich dauerhaft auf preußischem Territorium niederzulassen. Gemeinsam mit Prinzessin Caroline plante sie einen Umzug nach Koblenz. Zunächst versuchte Wittgenstein, nach Rücksprache mit Friedrich Wilhelm III., dies zu verhindern, indem er Auguste nahelegte, nun doch bis zu einem Übereinkommen mit dem Kurfürsten am niederländischen Hof zu bleiben[83]. Da sich jedoch die Hoffnungen auf eine baldige Beilegung des Familienzwistes nicht erfüllten, zog Auguste im Herbst 1827 zunächst nach Koblenz und siedelte schließlich im Januar 1828 nach Bonn über. In der Zwischenzeit hatte auch der Kurprinz sein Exil am preußischen Hof verlassen. Er war seiner Mutter gefolgt und hatte in Bonn unmittelbar in ihrer Nähe ein Haus gekauft[84].

Bereits kurz nachdem sich Auguste in Koblenz niedergelassen hatte, begann sie zunehmend über finanzielle Schwierigkeiten zu klagen, da der Kurfürst den ihr bewilligten Hofetat nicht mehr auszahlte. Der preußische König erklärte, er werde die „nothwendigen Gelder solange vorschießen lassen, bis die Verhältnisse die Wiedererstattung erlauben"[85]. Auguste war nämlich keineswegs gewillt, auf eine ihrer Stellung als Kurfürstin gebührende Ausstattung zu verzichten. Während ihr für den monatlichen Unterhalt bereits mehrere Geldzahlungen angewiesen worden waren, erklärte sie Wittgenstein, „da die freie Disposition über m[ein] Eigenthum sowie über die zurückgelassene Dienerschaft mir durch die Umstände theils erschwert, theils entzogen ist, bin ich nicht allein gezwungen mich ganz von neuem einzurichten, sondern muß auch Leute zu meiner Bedienung annehmen"[86].

Das Leben in Koblenz und Bonn unterschied sich nicht wesentlich von dem, das Auguste im Kurfürstentum geführt hatte. Sie widmete sich ausgiebig der Malerei, las viel und blieb auch in Verbindung mit den kurhessischen Freunden, die sich ehedem zu den Treffen in Schloß Schönfeld eingefunden hatten[87]. Außerdem nahm sie am gesellschaftlichen Leben in Bonn teil. Auf einem Offiziersball im November 1828, zu dem die Kurfürstin ebenso wie der Kurprinz eingeladen waren, lernte dieser Gertrude Lehmann kennen, die nach ihrer Scheidung von einem preußischen Rittmeister im Jahre 1831 seine Frau wurde[88]. Diese unstandesgemäße Verbindung sollte in der Folgezeit das Verhältnis zwischen Mutter und Sohn nachhaltig belasten[89].

Nach der Abreise der Kurfürstin hatte am kurfürstlichen Hof in Kassel eine umfangreiche Vermittlungsdiplomatie eingesetzt. Auf Wunsch Wilhelms II. versuchte nun auch der österreichische Staatskanzler Metternich, eine Schlichtung der Streitigkeiten herbeizuführen. Durch die Beteiligung Österreichs wurde die kurhessische Familientragödie endgültig zur

47/48. Das ehemalige Fürstbistum Fulda gehörte seit 1816 zum Kurfürstentum Hessen, und das ehemalige fürstbischöfliche Stadtschloß (oben) sowie die nahe der Stadt gelegene Sommerresidenz Schloß Fasanerie (unten) dienten der Kurfürstin Auguste seit September 1829 als Residenzorte. Die Darstellungen stammen aus der ersten Hälfte des 19. Jahrhunderts (Anhang Nr. 100 u. 101).

Staatsaffäre. Allerdings wollten weder Berlin noch Wien ihr Verhältnis durch den hessischen Familienzwist belasten. Vielmehr unterrichteten sich Wittgenstein und Metternich gegenseitig über ihre diplomatischen Schritte[90]. Die scheinbare Unversöhnlichkeit der zerstrittenen Parteien entmutigte die Vermittler jedoch zunehmend. „In Beziehung auf diese hessische Familienangelegenheit bin ich wie der ungläubige Thomas, man hat dabei mit zu wunderlichen Personen und Ansichten zu kämpfen. [...] Ich habe viele Jahre an kleinen Höfen zugebracht und daher auch öfters die Bemerkung zu machen die Gelegenheit gehabt, daß sie immer glauben, als wenn sie die Achse wären, um welche sich die Welt dreht"[91].

Insgesamt vier diplomatische Missionen, die letzte im Februar 1829 durch Varnhagen von Ense[92], wurden vom preußischen und österreichischen Hof während des Exils der Kurfürstin unternommen. Nachdem es dabei keinem der Unterhändler gelungen war, für beide Seiten akzeptable Bedingungen für eine Rückkehr Augustes und des Kurprinzen nach Hessen zu erreichen, nahm die Familienangelegenheit schließlich im Sommer 1829 eine überraschende Wendung. Aufgrund des zunehmend gespannten Verhältnisses zu ihrem Sohn erklärte sich die Kurfürstin bereit, eine erneute Einladung Wilhelms II. anzunehmen, und ohne den Kurprinzen nach Hessen zurückzukehren[93].

Der

theuern Landesmutter

Friedericke Christiane Auguste,

bey

der glücklichen Rückkehr

mit

innigster Verehrung und Liebe geweiht

von

der getreuen Bürgerschaft der Stadt Cassel.

Cassel,

gedruckt bei der Wittwe Aubel 1821.

Als Mutter hatte noch Dein Volk Dich nicht begrüßt,
Dem Du das Vorbild jeder Tugend bist!
Drum kommt dieß kleine Lied, voll warmer Herzlichkeit,
Das Dir zugleich Willkomm' und Glückwunsch weiht!

Gesundheit lache Dir, und Glück für jedes Kind,
Die zart und schön an Leib und Seele sind.
Dich lohn' ein spätes Ziel, mit Geisteskraft vereint,
Wie's der Hochseel'gen ward — um die man jetzt noch weint.

Ach lieb' uns auch wie Sie! Der Hessen treue Herzen
Beklagten sieben Jahr' gezwung'ner Trennung Schmerzen!
Drum Cassels Bürger Heut' Dir Kränz' und Glückwunsch weih'n,
Und durch der Kinder Hand der Freude Sinnbild streu'n!

49. Für die Beliebtheit der Kurfürstin Auguste bei der Kasseler Bevölkerung sprechen wiederholt Grußadressen, wie die hier abgebildete der Kasseler Bürgerschaft aus dem Jahr 1821 (Anhang Nr. 115).

Rückkehr ins Kurfürstentum und letzte Lebensjahre

Die Grundlage für die Aussöhnung zwischen dem Kurfürstenpaar bildete der Kasseler Vertrag vom 29. Dezember 1829. Darin wurde festgelegt, daß Auguste und ihrer Tochter künftig die Schlösser Fasanerie und Fulda als Residenz dienen sollten. Der neu bewilligte Hofetat betrug rund 91.000 Gulden zuzüglich einer umfangreichen Menge an Naturalien. Ferner wurde dem kurfürstlichen Oberhofmarschallamt die Kontrolle über den Etat vollständig entzogen. Zudem konnte Auguste fortan ihre Dienerschaft ohne Rücksprache mit dem Kurfürsten ernennen oder entlassen, während sie ihre Hofchargen und Damen zwar nach freiem Ermessen auswählen durfte, der Kurfürst sich jedoch deren Bestätigung vorbehielt[94].

Bereits vor der offiziellen Unterzeichnung des Vertrages trafen Auguste und ihre Tochter am 25. September 1829 in der neuen Residenz, die Wilhelm II. zuvor großzügig hatte herrichten lassen, ein[95]. „Ich fühle mich sehr glücklich so wie auch Caroline wieder im guten Hessen zu sein u[nd] bin sehr zufrieden mit meinem Appartement über die hübsche Aussicht in einigen Fenstern desselben"[96]. Gleichwohl erreichten Wittgenstein nur wenige Tage später neuerliche Klagen der Kurfürstin. Auguste monierte, daß der ausgezahlte Hofetat tatsächlich viel geringer sei als abgesprochen. Daher ersuchte sie ihren Vertrauten, bei Wilhelm II. auf eine Erhöhung der Zuwendungen zu drängen[97]. Doch Wittgenstein wollte die mühevoll erzielte Übereinkunft nicht gefährden. Auf Vermittlung des preußischen Gesandten Hänlein erhielt Auguste zum Jahreswechsel schließlich vom Kurfürsten ein ansehnliches Geldgeschenk, das ihre ursprüngliche Forderung sogar noch überschritt[98]. Somit waren die Querelen zwischen dem Kurfürstenpaar beigelegt.

In die Residenzstadt Kassel kehrte Auguste erst anläßlich der Verfassungsfeierlichkeiten im Januar 1831 zurück. Nachdem Wilhelm II. sich mit seiner Mätresse zunächst nach Hanau[99] und anschließend nach Frankfurt zurückgezogen hatte, blieb die Kurfürstin in Kassel und bewohnte im Winter das Bellevueschloß, während sie im Sommer in Schönfeld residierte. Sie liebte den Aufenthalt in dem kleinen Schlößchen, „wo allabendlich Thee im Freien getrunken wurde"[100].

Während die Ehemisere mit der Abreise des Kurfürsten ein Ende gefunden hatte, gingen die Streitigkeiten am Hof in Kassel weiter. Auguste, die stolze preußische Prinzessin, wollte die Hochzeit des Kurprinzen mit der

50. Ein Altersporträt der Kurfürstin Auguste aus dem Jahr 1835 zeigt diese nach Samuel Friedrich Diez lithographierte Darstellung von Johann Wölfle (Anhang Nr. 32).

geschiedenen Bonner Offiziersgattin nicht akzeptieren, und ihr ablehnendes Verhalten gegenüber der Familie ihres Sohnes gab Anlaß zu zahlreichen heftigen Auseinandersetzungen. Erst im Jahre 1837 kam es zu einer Aussöhnung. Allerdings stellte sich nicht mehr das innige Verhältnis ein, das Auguste und den Kurprinzen in der gemeinsamen Ablehnung der Gräfin Reichenbach zu Beginn der 20er Jahre verbunden hatte[101].

In den letzten Jahren ihres Lebens unternahm die Kurfürstin wiederum zahlreiche Reisen. Im Sommer 1835 verließ sie die Residenzstadt zu einem mehrwöchigen Aufenthalt in der Schweiz und begab sich in den folgenden Jahren mehrmals nach Wilhelmsbad und an den Hof nach Berlin. Am weitaus häufigsten aber reiste sie gemeinsam mit Prinzessin Caroline nach Meiningen[102]. Dort stürzte Auguste Ende Oktober 1838 so unglücklich, daß sie sich einen komplizierten Bruch des Oberschenkels zuzog[103] und erst im Februar 1839 in die hessische Residenz zurückkehren konnte. Von der Beliebtheit der Kurfürstin bei den hessischen Bürgern zeugen nicht nur die Genesungswünsche, die sie in Meiningen erreichten[104], sondern auch der begeisterte Empfang anläßlich ihrer Heimkehr nach Kassel: „ungemein war der Jubel und das Freudengeschrey, mit welchem die erlauchte Fürstin von der herbeigeströmten Menge begrüßt wurde, die Ihr bis eine Stunde Wegs vor die Stadt entgegengeeilt war, und sich auf allen Plätzen und Straßen der Stadt um den Wagen der hohen Reisenden drängte, welcher von Bürgergarden durch die Stadt escortiert wurde"[105].

51. Das Grab der Kurfürstin Auguste (1780-1841) befindet sich am Rande des alten Kasseler Totenhofes nahe der heutigen Lutherkirche; neben ihr ruhen ihr Sohn, Kurfürst Friedrich Wilhelm I., und ihre Tochter, Prinzessin Caroline. Das Gemälde des Kasseler Malers Carl Preser entstand anläßlich der Beisetzung des letzten hessischen Kurfürsten im Jahre 1875 (Anhang Nr. 104).

Für ihre Umgebung völlig überraschend verstarb Auguste am 19. Februar 1841, nachdem sie noch wenige Tage zuvor in ihrem Palais einen großen Ball gegeben hatte. Im ganzen Land herrschte tiefe Trauer über das Ableben der Kurfürstin. Anläßlich der Beerdigungsfeierlichkeiten versammelte sich in der Residenzstadt eine „selbst in den breiten Straßen und weiten Plätzen dicht gedrängte Volksmenge [...]; alle Fenster waren voller Menschen, aber auch auf allen Gesichtern waren die sprechendsten Zeichen tiefer Rührung und Betrübnis zu lesen". Auf eigenen Wunsch wurde Auguste auf dem alten Kasseler Totenhof neben dem Mausoleum der Gattin Wilhelms I. beigesetzt[106].

Ihren letzten Höhepunkt erreichten die Streitigkeiten innerhalb der kurfürstlichen Familie erst nach dem Tode Augustes. Friedrich Wilhelm fühlte sich im Testament seiner Mutter, das diese im Berliner Hausarchiv hinterlegt hatte[107], gegenüber seinen Schwestern benachteiligt, und zweifelte daher dessen Rechtmäßigkeit an. Erst nach zähen Auseinandersetzungen und der Erstellung mehrerer Gutachten[108] erklärte er sich im August 1841 schließlich bereit, die testamentarischen Bestimmungen anzuerkennen. Somit konnte der letzte Wille der Kurfürstin vollstreckt werden[109].

Anmerkungen

1 Im Geheimen Staatsarchiv Preußischer Kulturbesitz in Berlin (GStAPK) befindet sich im Bestand Brandenburg-Preußisches Hausarchiv (BPH), Repositur (Rep.) 48, König Friedrich Wilhelm II. (W II), Nr. 34-70, reichhaltiges Aktenmaterial zu Prinzessin Auguste. Dieses umfaßt neben Briefen von und an Auguste u.a. Unterlagen zur Vermählung mit dem Erbprinzen, den ehelichen Verhältnissen der Prinzessin sowie als Kuriosität auch zahlreiche gepreßte Blätter und Blüten (Nr. 70), welche die Kurprinzessin in den Jahren 1813 bis 1827 gesammelt hat. Diese Akten, die allerdings einige Fehlbestände aufweisen, wurden für diesen Aufsatz zum Teil erstmals ausgewertet.

2 Zum Verlauf der mehrere Tage andauernden Feierlichkeiten: GStAPK, BPH, Rep. 48, W II, Nr. 35; Berlinische Nachrichten. Von Staats- und gelehrten Sachen, Nr. 20 v. 16. Februar 1797, (S.1f.); Joachim Kühn: Das Ende einer Dynastie. Kurhessische Hofgeschichten 1821 bis 1866. Nach ungedruckten Dokumenten aus den Archiven von Paris, Wien, Berlin und Kassel. Berlin: Brückenverlag, 1929, S. 5ff.

3 Philipp Losch: Geschichte des Kurfürstentums Hessen 1803-1866. Marburg: Elwertsche Verlagsbuchhandlung, 1922, S. 7.

4 Zu Sayn-Wittgenstein und seinem Verhältnis zu Hessen-Kassel, teilweise unter Berücksichtigung des in Anm. 1 angeführten Aktenmaterials vgl. Wilhelm Weyer: Die Anfänge des preußischen Haus- und Polizeiministers Fürsten Wilhelm Ludwig Georg zu Sayn-Wittgenstein-Hohenstein (1770-1806). Ein Lebensbild aus der Zeit der Französischen Revolution und des Unterganges des Deutschen Reiches, sowie ein Beitrag zur preußisch-hessischen Geschichte von 1795-1806. Diss. Marburg: Hofdruckerei Ernst Schmidt Laasphe, 1927.

5 Neben einer finanziellen Entschädigung im Friedensfalle forderte er die Unterstützung Preußens bei der Erhebung der Landgrafschaft zum Kurfürstentum - dies konnte Wilhelm IX. erst 1803 realisieren - sowie Dompräbenden für zwei seiner unehelichen Söhne. Einer der beiden verstarb allerdings, noch bevor ihm diese verliehen werden konnte.

6 GStAPK, BPH, Rep. 48, W II, Nr. 34 (Bericht Wittgenstein, 5. Januar 1795) sowie Rep. 192, Wittgenstein, III, 9, 8, fol. 15v (Friedrich Wilhelm II. an Wittgenstein, 9. Januar 1795).

7 GStAPK, BPH Rep. 192, Wittgenstein, III, 9, 8, fol. 18r (Bericht Wittgenstein, 10. Januar 1795) sowie GStAPK, BPH, Rep. 48, W II, Nr. 34 (Bericht Wittgenstein, 27. Oktober 1797).

8 GStAPK, BPH, Rep. 48, W II, Nr. 34 (Bericht Wittgenstein, 5. Januar 1795).

9 Staatsarchiv Marburg (StAM), 4f Preußen, Nr. 850.

10 GStAPK, BPH, Rep. 48, W II, Nr. 34 (Bericht Wittgenstein, 5. Januar 1795).

11 Der Erbprinz, dessen Beziehung zu seinem Vater bereits zu dieser Zeit denkbar schlecht war, wollte sich dadurch dem Einfluß des Landgrafen entziehen. Vgl. Weyer: Anfänge (wie Anm. 4), S. 60.

12 StAM, 4a, Nr. 102, 7.

13 Schreiben der Oberhofmeisterin von Gundelach an Wittgenstein befinden sich im GStAPK, BPH Rep. 192, Wittgenstein, I, 2, 4.

14 Die Briefe waren jeweils an die zukünftigen Schwiegereltern gerichtet, doch sicherlich erhielten auch die Verlobten davon Kenntnis. StAM, 4f Preußen, Nr. 859 und GStAPK, BPH, Rep. 48, W II, Nr. 60a.

15 Biographisches vgl. bei Philipp Losch: Auguste, Kurfürstin von Hessen (1780-1841). In: Ingeborg Schnack (Hrsg.): Lebensbilder aus Kurhessen und Waldeck. Bd. 1. Marburg: Elwertsche Verlagsbuchhandlung, 1939 (= Veröffentlichungen der Historischen Kommission für Hessen, 20,1), S. 6-8; Wilhelm Schoof: Kurfürstin Auguste von Hessen und die Brüder Grimm. In: Die Sonntagspost. Beilage zur Kasseler Post, Nr. 258 v. 18.9.1932 (S. 1) u. Nr. 272 v. 2.10.1932 (S. 1); Philipp Losch: Wilhelm II., Kurfürst von Hessen (1777-1847). In: Ingeborg Schnack (Hrsg.): Lebensbilder. Bd. 2. Marburg: Elwertsche Verlagsbuchhandlung, 1940 (=Veröffentlichungen der Historischen Kommission für Hessen, 20,2), S. 415-422; H. v. Petersdorff: Wilhelm II., Kurfürst von Hessen. In: Allgemeine Deutsche Biographie, Bd. 43, Leipzig: Verlag von Duncker & Humblot, 1898, S. 75-79.

16 Trotz des gespannten Verhältnisses zwischen dem Erbprinzenpaar wurde Auguste insgesamt sechsmal schwanger. Drei der gemeinsamen Kinder verstarben allerdings noch im Kindesalter.

17 Nach zähen Verhandlungen und wiederum unter Vermittlung Wittgensteins erklärte sich der Landgraf schließlich bereit, die Schulden des Erbprinzen (rund 50.000 Taler) zu begleichen und den Hofetat auf 48.000 Taler nebst zusätzlicher Naturalien zu erhöhen. Allerdings forderte er nun eine schärfere Kontrolle der erbprinzlichen Haushaltung; vgl. StAM, 4a, Nr. 102, 7 sowie Nr.102, 8.

18 GStAPK, BPH, Rep. 48, W II, Nr. 45.

19 Weyer, Anfänge (wie Anm. 4) erwähnt diese Episode, S. 89f. Das ganze Ausmaß der Familienstreitigkeiten läßt sich anhand der Akten anschaulich nachvollziehen: GStAPK, BPH, Rep. 48, W II, Nr. 45 sowie Rep. 192, Wittgenstein, I, 2, 4. Die folgenden Ausführungen basieren auf diesem Material.

20 GStAPK, BPH, Rep. 48, W II, Nr. 45 (Bericht Wittgenstein, 26. August 1800).

21 Ebd. (Vertragsentwurf vom 28. August 1800).

22 Ebd. (Bericht Wittgenstein, 7. September 1800).

23 Ebd. (Bericht Wittgenstein, 3. September 1800).

24 Ebd. sowie Rep. 192, Wittgenstein I, 2, 4.

25 Das Kurfürstentum verschwand von der politischen Bühne und wurde in das neugeschaffene Königreich Westphalen eingegliedert. Vgl. dazu Helmut Berding: Napoleonische Herrschafts- und Gesellschaftspolitik im Königreich Westfalen 1807-1813. Göttingen: Vandenhoeck & Ruprecht, 1973 (= Kritische Studien zur Geschichtswissenschaft, 7).

26 Am 9. Oktober wurde sie von einem Jungen, Prinz Ferdinand, entbunden, der allerdings bereits am 21. November 1806 verstarb.

27 GStAPK, BPH, Rep. 192, Wittgenstein, I, 2, 7 (Auguste an Wittgenstein, 6. Dezember 1806). Vgl. dazu [Jakob Chr. Carl Hoffmeister]: Hessische Erinnerungen. Aus den Papieren eines verstorbenen kurhessischen Offiziers. Kassel: Verlag von Gustav Klaunig, 1882, S. 160ff. Er weiß zu berichten, daß Napoleon Auguste 25.000 Taler aus preußischen Kassen auszahlen ließ. Dennoch blieb Augustes materielle Versorgung unsicher. Bereits im April 1807 beklagte sie, daß der Kurfürst nur 2.000 Taler monatlich für ihre Hofhaltung festgesetzt habe, was sehr wenig sei. GStAPK, BPH, Rep. 192, Wittgenstein, I, 2, 4, fol. 80r (Auguste an Wittgenstein, 30. April 1807).

28 Philipp Losch: Der letzte deutsche Kurfürst Friedrich Wilhelm I. von Hessen. Marburg: Elwertsche Verlagsbuchhandlung, 1937, S. 4ff.

29 StAM, 4a, Nr. 103, 3 (Auguste an ihren Bruder Prinz Heinrich, 23. Dezember 1808).

30 Karl Siebert: Die Beziehungen des Malers Friedrich Bury zu Goethe und zum kurhessischen Hof. In: Hessenland 34, 1920, S.129ff, 146-148, 161-165, hier S. 162.

31 GStAPK, BPH, Rep. 192, Wittgenstein, I, 2, 4. (Auguste an Wilhelm, März 1809).

32 Zu Emilie Ortlöpp, die 1821 von Wilhelm zur Gräfin von Reichenbach erhoben wurde, vgl. Georg Koch: Die Gräfin von Reichenbach. In: Reichenbacher Blätter [4], 1987, H. 5, S. 62-81.

33 GStAPK, BPH, Rep. 48, W II, Nr. 61 (Auguste an Friedrich Wilhelm III., 13. November 1813).

34 StAM, 4a, Nr. 102, 7 (Reskript vom 11. Januar 1814).

35 HHStA Wien, StK Hessen-Kassel, K. 2, Berichte 1815, fol. 117v (Bericht Buol, 1. September 1815).

36 Ebd., fol. 110v (Bericht Buol, 24. August 1815).

37 Losch, Friedrich Wilhelm (wie Anm. 28), S. 10.

38 HHStA Wien, StK Hessen-Kassel, K. 2, Berichte 1815, fol. 110v (Bericht Buol, 24. August 1815). Die Auseinandersetzung wird in der Literatur widersprüchlich geschildert. Kühn berichtet von einem Faustschlag des Kurprinzen gegen seine Gattin; Kühn: Dynastie (wie Anm. 2), S. 18f. Losch erzählt, daß der kurprinzliche Adjutant von Bothmer die Kurprinzessin vor körperlicher Mißhandlung geschützt habe; Losch, Friedrich Wilhelm (wie Anm. 28), S. 10.

39 HHStA Wien, StK Hessen-Kassel, K. 2, Berichte 1815, fol. 108 (Bericht Buol, 24. August 1815).

40 Nach der Erhebung Hessen-Kassels zum Kurfürstentum im Jahre 1803 nannte sich der Landgraf nunmehr Kurfürst Wilhelm I.

41 Die Sympathien waren 1815 noch nicht so eindeutig zugunsten der Kurprinzessin verteilt wie in den späteren Jahren, denn Buol berichtete,

daß dem Kurprinzen „viele in der Meynung beypflichten", daß Auguste die Residenzstadt verlassen solle (HHStA Wien, StK Hessen-Kassel, K. 2, Berichte 1817, fol. 111r (Bericht Buol, 1. September 1815)). Auch Hänlein mußte erkennen, daß „der Kurprinz wegen seiner Popularität einen großen Anhang im Publikum hat" (GStAPK, I. HA, Rep. 81, Gesandtschaft Kassel, Litt. B, Tit. II, Nr. 1; Bericht Hänlein, 29. September 1815).

42 StAM, 4a, 103, 2 (Wilhelm an seinen Vater, 24. August 1815).

43 HHStA Wien, StK Hessen-Kassel, K. 2, Berichte 1815, fol. 108-110v (Bericht Buol, 24. August 1815). Dort auch die Zitate, fol. 108r.

44 Neben dem Oberhofmeister des Kurprinzen, der Kurfürstin und ihrem Oberhofmeister versuchte selbst die Favoritin des Kurfürsten, die Gräfin Hessenstein, in der Angelegenheit zu vermitteln. Die Briefe der Fürsprecher Wilhelms, die dem Kurprinzen über die Unterredungen mit dem Kurfürsten berichteten, befinden sich in StAM, 4a, Nr. 103, 2. Ende September 1815 mußte sogar Wittgenstein wieder in die hessische Residenzstadt reisen und erhielt vom König „Carte blanche um dort in Gemeinschaft mit dem Herrn Hänlein die schauerliche Sache zwischen dem Kurprinzen und seiner Gemahlin zu schlichten." (GStAPK, BPH, Rep. 192, Wittgenstein, III, 10, 3, fol. 1r; Hardenberg an Wittgenstein, 26. September 1815).

45 HHStA Wien, StK Hessen-Kassel, K. 2, Berichte 1815, fol. 116v (Bericht Buol, 1. September 1815).

46 StAM, 4a, Nr. 103, 2 (Wilhelm I. an seinen Sohn, 26. August 1815).

47 GStAPK, I. HA, Rep. 81, Gesandtschaft Kassel, Litt. B, Tit. II, Nr.1 (Bericht Hänlein, 11. September 1815). In gleichem Sinne berichtete Buol (HHStA Wien, StK Hessen-Kassel, K 2, fol. 115r-115v (Bericht Buol, 1. September 1815)).

48 Zu den Verfassungsverhandlungen, die vom Kurfürsten im Oktober 1815 in Auftrag gegeben wurden, vgl. Winfried Speitkamp: Restauration als Transformation. Untersuchungen zur kurhessischen Verfassungsgeschichte 1813-1830. Darmstadt u. Marburg: Selbstverlag der Hessischen Historischen Kommission Darmstadt und der Historischen Kommission für Hessen, 1986 (= Quellen und Forschungen zur hessischen Geschichte, 67), bes. S. 229ff.

49 Die Kommission setzte sich zusammen aus dem Geheimen Staatsminister Georg von Schmerfeld als Bevollmächtigten des Kurfürsten, Ferdinand von Schenk zu Schweinsberg, Präsident des Oberappellationsgerichts und kurfürstlicher Oberschenk, als Vertreter des Kurprinzen sowie schließlich Carl von Hänlein, allerdings nicht in seiner offiziellen Funktion als preußischer Gesandter, sondern lediglich als Vertrauter der Familie, für die Kurprinzessin.

50 Die Protokolle der Verhandlungen in: StAM, 4a, Nr. 103, 2 (unvollständig) sowie GStAPK, I. HA, Rep. 81, Gesandtschaft Kassel, Litt. B, Tit. II, Nr 1.

51 Wilhelm verteidigte diesen Schritt damit, daß die Pferde dem kurprinzlichen Marstall entstammten und er somit zu deren Nutzung berechtigt sei. StAM, 4a, Nr. 103, 2 (Wilhelm an seinen Vater, September 1815).

52 Zu Landgraf Friedrich, dem Bruder des Kurfürsten, den ein inniges Verhältnis mit Auguste verband, vgl. Philipp Losch: Aus dem Leben des Landgrafen Friedrich von Hessen 1747-1837. Marburg: Elwertsche Verlagsbuchhandlung, 1924.

53 StAM, 4a, Nr. 103, 2 (Wilhelm an seinen Vater, September 1815). Ähnliche Äußerungen machte er gegenüber dem österreichischen Gesandten (HHStA Wien, StK Hessen-Kassel, K. 2, Berichte 1815, fol. 150r-150v; Bericht Buol, 6. Oktober 1815).

54 Eine Abschrift des Vertrages befindet sich im: GStAPK, I. HA, Rep. 81, Gesandtschaft Kassel, Litt. B, Tit. II, Nr. 1.

55 GStAPK, I. HA, Rep. 81, Gesandtschaft Kassel, Litt. C, Tit. I, Nr. 1, Vol. VII (Bericht Hänlein, 6. November 1815).

56 BayHStA München, MA I, Gesandtschaft Kassel, Nr. 66 (Bericht Aretin, 2. November 1818).

57 UB Marburg, Nachlaß Karl Wilhelm Justi, Hs 811, Nr. 163 (Auguste an Justi, 11. März 1821). Allerdings läßt sich anhand des bearbeiteten Quellenmaterials kein besonderes Engagement der Kurfürstin in der Armenfürsorge nachweisen.

58 Vgl. dazu zuletzt: Speitkamp, Restauration (wie Anm. 47), S. 490ff.

59 Philipp Losch: Kurfürst Wilhelm I., Landgraf von Hessen. Ein Fürstenbild aus der Zopfzeit. Marburg: Elwertsche Verlagsbuchhandlung, 1923, S. 353f.
60 Das Hoforganisationsedikt befindet sich im StAM, 7a/1, Gefach 1, Nr. 3.
61 Zu den Veränderungen in den verschiedenen Hofstaaten: StAM, 7a/1, Gefach 1, Nr. 2.
62 HHStA Wien, StK Hessen-Kassel, K. 4, Politische Berichte 1817, fol. 27r (Bericht Wacquant-Geozelles, 20. April 1817).
63 Der Aufbau und die personelle Zusammensetzung der einzelnen Hofstaaten lassen sich anhand der jährlich erschienenen kurhessischen Staats- und Adreßhandbücher überprüfen. Für das erste Regierungsjahr Wilhelms II.: Kurhessisches Staats- und Adreßhandbuch auf das Jahr 1823. Cassel: Verlag des Waisenhauses, o.J.
64 Mißverständlich die Zahlen bei Kühn: Dynastie (wie Anm. 2), S. 24. Zur Festlegung des neuen Hofetats vgl. StAM, 300, A 31, Nr. 9. Eine bedeutende Erhöhung der Schatullgelder nach seiner Regierungsübernahme hatte Wilhelm seiner Gemahlin bereits 1804 als Zeichen der Versöhnung nach einer heftigen Auseinandersetzung zugesagt (GStAPK, BPH, Rep. 192, Wittgenstein, I, 2, 4, fol. 56r; Entwurf eines Briefes Wilhelms an Auguste, vermutl. April 1804).
65 Vgl. Philipp Losch: Schönfeld. Bilder aus der Geschichte eines hessischen Schlößchens und seiner Besitzer. Leipzig: Verlag von Klinkhardt & Biermann 1913; August Straub: Das Schlößchen Schönfeld und seine Musenhöfe. In: Hessische Heimat, N.F. 11, 1961, S. 20-24.
66 HStA Stuttgart, E 50/ 09, Bü 23 (Bericht Winzingeroda, 26. März 1821).
67 Kühn, Dynastie (wie Anm. 2), S. 24ff.
68 HHStA Wien, StK Hessen-Kassel, K. 6, Politische Berichte 1822, fol. 25v (Bericht Spiegel, 28. Februar 1822).
69 Zit. nach Speitkamp, Restauration (wie Anm. 47), S. 544.
70 Zu den Ursachen für das gespannte Verhältnis zwischen Preußen und Kurhessen zu Beginn der 20er Jahre vgl. Philipp Losch: Die Entführung der Herzogin von Anhalt-Bernburg. In: Hanauisches Magazin 16, 1937, S. 17-20; Speitkamp, Restauration (wie Anm. 47), S. 583ff.; Losch, Kurfürstentum (wie Anm. 3), S. 130f.; Kühn, Dynastie (wie Anm. 2), S. 35f.
71 Kühn, Dynastie (wie Anm. 2), S. 35f.
72 GStAPK, BPH, Rep. 192, Wittgenstein, III, 10, 8-9 (Auguste an Wittgenstein, 10. Juli 1822).
73 GStAPK, BPH, Rep. 192, Wittgenstein, III, 10, 7 u.10, fol. 11r-21r (Bericht Motz, 7. April 1822). Dort auch das Zitat, fol. 11v.
74 Eine Abschrift des Vertrages befindet sich im GStAPK, BPH, Rep. 48, W II, Nr. 41, fol. 2r-3r. Dort auch das Zitat, fol. 2r.
75 Zur Haltung des Kurprinzen vgl. Kühn, Dynastie (wie Anm. 2), S. 41ff.; Losch, Friedrich Wilhelm (wie Anm. 28), S. 19ff.
76 Zum Schönfelder Kreis vgl. den Beitrag von Ewald Grothe in diesem Band sowie demnächst Ewald Grothe: Kurfürstin Auguste von Hessen-Kassel und der Schönfelder Kreis. In: Hessische Landeszentrale für politische Bildung (Hrsg.): Fürstenhof und Gelehrtenrepublik. Hessische Lebensläufe des 18. Jahrhunderts. Wiesbaden 1995 (im Druck).
77 Losch, Kurfürstentum (wie Anm. 3), S.131ff.; Kühn, Dynastie (wie Anm. 2), S. 41ff.
78 GStAPK, I. HA, Rep. 81, Gesandtschaft Kassel, Litt. B, Tit. I, Nr. 1 (Wittgenstein an Hänlein, 9. Oktober 1823).
79 Zu den Reisen Augustes: HHStA Wien, StK Hessen-Kassel, K. 7, Politische Berichte 1825, fol. 70v (Bericht Spiegel, 8. August 1825) sowie HHStA Wien, StK Hessen-Kassel, K. 8, Politische Berichte 1826, fol. 40v (Bericht Spiegel, 6. Mai 1826).
80 Losch, Kurfürstentum (wie Anm. 3), S. 138; Losch, Friedrich Wilhelm (wie Anm. 28), S. 31ff; Kühn, Dynastie (wie Anm. 2), S. 60ff.
81 GStAPK, BPH, Rep. 48, W II, Nr. 42, passim.
82 Ebd., fol. 7v (Wittgenstein an Auguste, 3. Juli 1827).
83 Ebd., fol. 17v (Wittgenstein an Auguste, 27. September 1828).
84 Kühn, Dynastie (wie Anm. 2), S. 81; Losch: Friedrich Wilhelm (wie Anm. 28), S. 33f.
85 GStAPK, BPH, Rep. 48, W II, Nr. 42, fol. 27r (Wittgenstein an Auguste, 15. November 1827).
86 Ebd., fol. 58v (Auguste an Wittgenstein, 15.

Februar 1828). Zu diesem Zweck wurden ihr schließlich 6.000 Taler bewilligt (Ebd., fol. 63r; Wittgenstein an Auguste, 29. Februar 1828).

87 Dies belegen Briefe Augustes sowie der Prinzessin Caroline aus Bonn. Fritz Hummel: Die kunstliebende Kurfürstin Auguste. In: Zeitschrift des Vereins für hessische Geschichte und Landeskunde 68, 1957, S. 206 (Auguste an Hummel, 26. Dezember 1828). Vgl. auch Staatsbibliothek zu Berlin - Preußischer Kulturbesitz, Haus 2, Handschriftenabteilung, Nachlaß Grimm, Nr. 756, fol. 8 (Prinzessin Caroline an Wilhelm Grimm, 11. April 1828).

88 Zur Hochzeit des Kurprinzen vgl. Wilh[elm] Grevel: Die Trauung des Kurprinzen Friedrich Wilhelm von Hessen in Rellinghausen im Jahre 1831. In: Beiträge zur Geschichte von Stadt und Stift Essen 30, 1909, S. 149-164; [August] Woringer: Die Heirat des letzten Kurfürsten. In: Hessenland 23, 1909, S. 321ff.

89 Losch: Friedrich Wilhelm (wie Anm. 28), S. 34ff.

90 HHStA Wien, StK Deutsche Akten, K. 135 sowie K. 136, passim.

91 HHStA Wien, StK Deutsche Akten, K. 136, fol. 234v (Wittgenstein an Metternich, 29. Februar 1828).

92 Joachim Kühn: Varnhagen von Enses Sendung nach Kassel und Bonn (1829). In: Hessenland 28, 1914, S. 97-99, 113-115, 133-135, 148f, 166-168, 186f.

93 GStAPK, BPH, W II, Nr. 43, fol. 7r (Wittgenstein an Auguste, 30. Juli 1829). Wittgenstein teilte der Kurfürstin in diesem Schreiben die Zustimmung des Königs zu der geplanten Rückkehr ins Kurfürstentum mit.

94 Eine Abschrift des Vertrages befindet sich im: GStAPK, BPH, Rep. 48, W II, Nr. 43, fol. 89r-90v.

95 Kühn: Dynastie (wie Anm. 2), S. 96f.

96 GStAPK, BPH, W II, Rep. 48, Nr. 43, fol. 31r (Auguste an Wittgenstein, 26. September 1829).

97 GStAPK, I. HA, Rep. 81, Gesandtschaft Kassel, Litt. B, Tit. II, Nr. 1, Vol. 2 (Auguste an Wittgenstein, 14. Oktober 1829).

98 Kühn, Dynastie (wie Anm. 2), S. 97.

99 Vgl. Walter Martin Fraeb: Über Kurfürst Wilhelm II. und die Gräfin Reichenbach in Hanau. In: Hanauisches Magazin 8, 1929, S. 49-63.

100 Emilie Wepler: Einiges aus dem Leben der Kurfürstin Auguste von Hessen. In: Hessische Blätter, Nr. 1185 vom 18.11.1885 (S. 2).

101 Zum Verhältnis zwischen Auguste und dem Kurprinzen in den 30er Jahren vgl. Ewald Grothe: Monarchisches Prinzip und frühparlamentarische Repräsentation. Das Kurfürstentum in den Verfassungskämpfen der ersten Ära Hassenpflug 1830-1837. Berlin 1995 (= Schriften zur Verfassungsgeschichte, 48; zugleich Phil. Diss. Marburg 1994 (im Druck)); Joachim Kühn: Der kurhessische Familienzwist in den letzten Jahren der Kurfürstin Auguste. In: Hessenland 30, 1916, S. 20-22, 36-39, 53-55, 68-70, 86-89.

102 Zu den Reisen Augustes: HHStA Wien, StK Hessen-Kassel, K. 12, Rapports de Cassel 1835-1841, passim.

103 Kühn, Dynastie (wie Anm. 2), S. 175f.; Losch, Friedrich Wilhelm (wie Anm. 28), S. 62.

104 Landesbibliothek und Murhardsche Bibliothek der Stadt Kassel, Handschriftenabteilung: 4° Ms. Hist. Litt. 15 [355 (Auguste an Carl Schomburg, Oberbürgermeister von Kassel, 22. November 1838). Auguste bedankt sich in diesem Schreiben für die Anteilnahme der Stadt Kassel an ihrer Genesung.

105 HHStA Wien, StK Hessen-Kassel, K. 12, Rapports de Cassel 1839, fol. 26r (Bericht Stahl, 12. April 1839).

106 Zum Verlauf der Beisetzung vgl. Kasselsche Allgemeine Zeitung (KAZ), Nr. 51 v. 20. Februar 1841, S. 388; dort auch das Zitat; [Jakob Chr. Carl Hoffmeister]: Aus den Tagen eines erloschenen Regentenhauses in seiner ehemaligen Residenz. Hessische Nachrichten aus alter und neuer Zeit. Hannover 1878, S. 131ff.; Kühn, Dynastie (wie Anm. 2), S. 176f.; Losch, Kurfürstentum (wie Anm. 3), S. 219.

107 Eine Abschrift des Testaments befindet sich im StAM, 9a, Nr. 3347, fol. 74r-84r.

108 StAM, 9a, Nr. 3349.

109 Kühn, Dynastie (wie Anm. 2), S. 206ff.

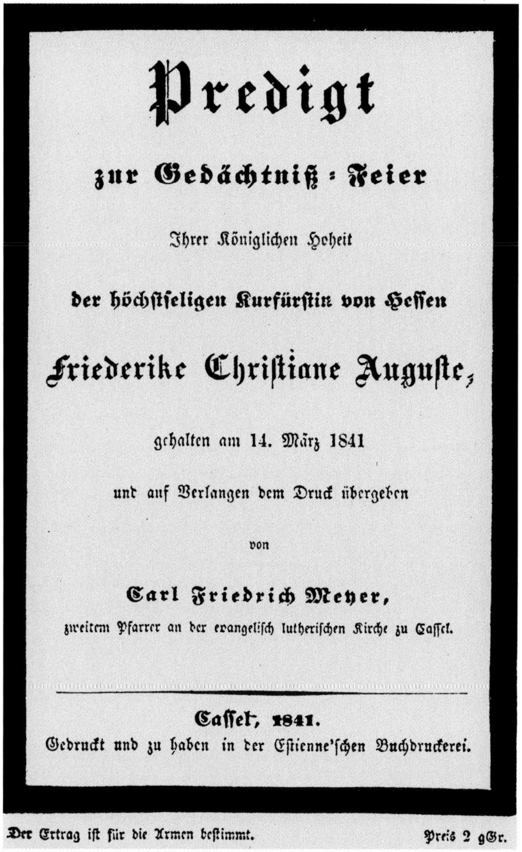

Predigt

zur Gedächtniß-Feier

Ihrer Königlichen Hoheit

der höchstseligen Kurfürstin von Hessen

Friederike Christiane Auguste,

gehalten am 14. März 1841

und auf Verlangen dem Druck übergeben

von

Carl Friedrich Meyer,

zweitem Pfarrer an der evangelisch lutherischen Kirche zu Cassel.

Cassel, 1841.

Gedruckt und zu haben in der Estienne'schen Buchdruckerei.

Der Ertrag ist für die Armen bestimmt. Preis 2 gGr.

52. Gedächtnispredigt auf das Ableben der Kurfürstin Auguste. Kassel 1841 (Anhang Nr. 122).

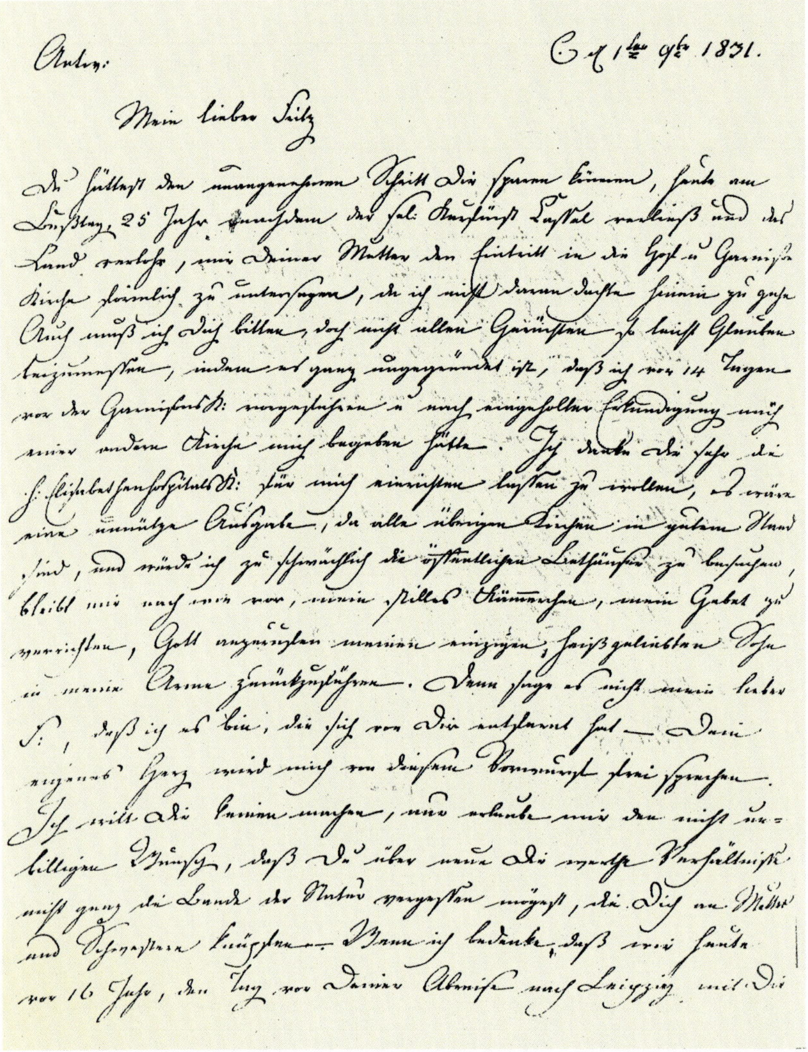
Antw:

Cassel 1ten Nov. 1831.

Mein lieber Fritz

Du hättest den unangenehmen Schritt Dir sparen können, heute am Bußtag, 25 Jahre nachdem der sel: Kurfürst Cassel verließ und das Land verlohr, mit Deiner Mutter den Eintritt in die Hof- u Garnison Kirche förmlich zu untersagen, da ich nicht daran dachte hinein zu gehen. Auch muß ich Dich bitten, doch nicht allen Gerüchten so leicht Glauben beizumessen, indem es ganz ungegründet ist, daß ich vor 14 Tagen vor der Garnisonk: vorgefahren u nach eingeholter Erkundigung nach einer andern Kirche mich begeben hätte. Ich danke Dir sehr die h. Elisabethenhospitals K: für mich einrichten lassen zu wollen, es wäre eine unnütze Ausgabe, da alle übrigen Kirchen in gutem Stand sind, und würde ich zu schwächlich die öffentlichen Gotteshäuser zu besuchen, bleibt mir noch immer, mein stilles Kämmerchen, mein Gebet zu verrichten, Gott anzuflehen meinen einzigen, heißgeliebten Sohn in meine Arme zurückzuführen. Denn sage es nicht mein lieber F:, daß ich es bin, die sich von Dir entfernt hat – Dein eigenes Herz wird mich von diesem Vorwurf freisprechen. Ich will Dir keine machen, und erlaube mir den nicht unbilligen Wunsch, daß Du über neue Dir werthe Verhältnisse nicht ganz die Bande der Natur vergessen mögest, die Dich an Mutter und Schwestern knüpfen. Wenn ich bedenke, daß wir heute vor 16 Jahre, den Tag vor Deiner Abreise nach Leipzig mit Dir

53. „Denn sage es nicht mein lieber F:, daß ich es bin, die sich von Dir entfernt hat – Dein eigenes Herz wird mich von diesem Vorwurf freisprechen"; Brief der Kurfürstin Auguste an ihren Sohn Friedrich Wilhelm aus Kassel vom 1. November 1831 (Anhang Nr. 116).

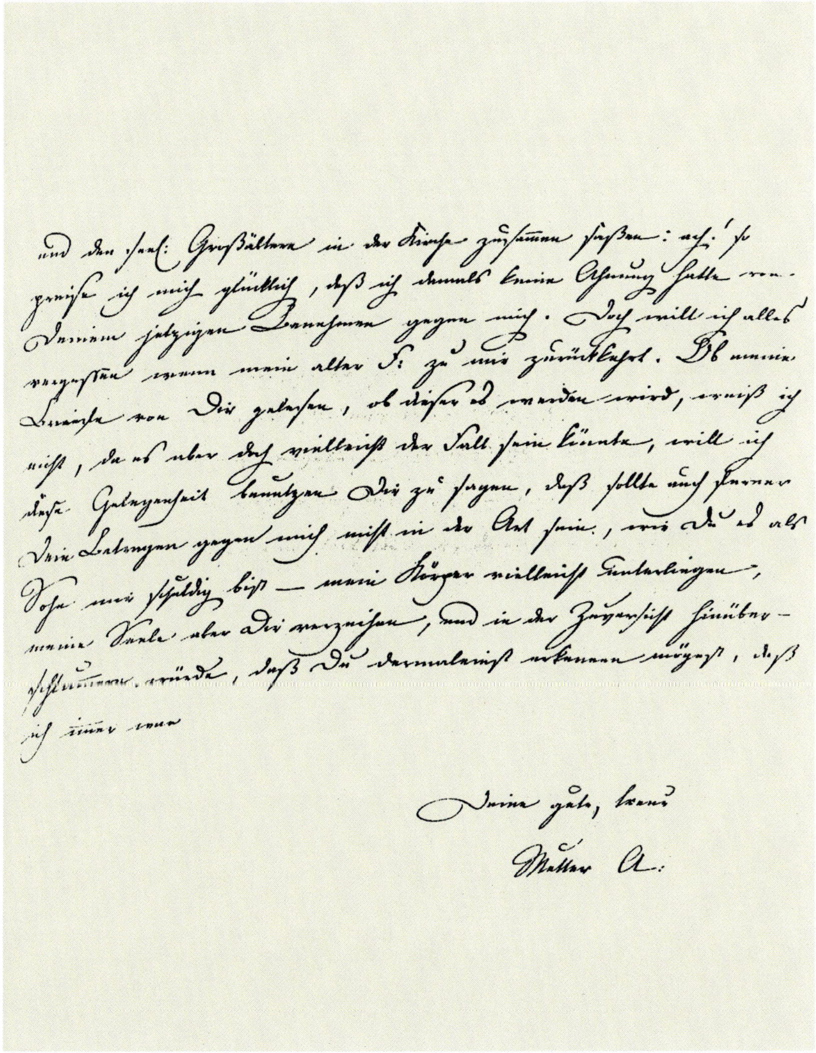
und den seel: Großältern in der Kirche zusammen sitzen: ach! so
preise ich mich glücklich, daß ich damals keine Ahnung hatte von
Deinem jetzigen Benehmen gegen mich. Doch will ich alles
vergessen wenn mein alter F: zu mir zurückkehrt. Ob meine
Briefe von Dir gelesen, ob dieser es werden wird, weiß ich
nicht, da es aber doch vielleicht der Fall sein könnte, will ich
diese Gelegenheit benutzen Dir zu sagen, daß sollte auch ferner
Dein Betragen gegen mich nicht in der Art sein, wie Du es als
Sohn mir schuldig bist – mein Körper vielleicht unterliegen,
meine Seele aber Dir verzeihen, und in der Zuversicht hinüber-
schlummern würde, daß Du dermaleinst erkennen mögest, daß
ich immer war

Deine gute, treue
Mutter A.

54. „... will ich diese Gelegenheit benutzen Dir zu sagen, daß sollte auch ferner Dein Betragen gegen mich nicht in der Art sein, wie Du es als Sohn mir schuldig bist – mein Körper vielleicht unterliegen, meine Seele aber Dir verzeihen [...] würde"; Brief der Kurfürstin Auguste an ihren Sohn Friedrich Wilhelm aus Kassel vom 1. November 1831 (Anhang Nr. 116).

Marianne Heinz

Kurfürstin Auguste – Malerin, Mäzenin und Sammlerin

Unter den zahlreichen künstlerisch begabten Fürstentöchtern verdient Auguste, die preußische Prinzessin und spätere Kurfürstin von Hessen-Kassel, besondere Beachtung. Bereits als Jugendliche am Berliner Hof gemeinsam mit ihren Geschwistern Wilhelmine und Friedrich Wilhelm für künstlerische Belange interessiert und früh durch Unterricht gefördert, konnte sie ihre Begabung pflegen und ihren Neigungen folgen.

Nur wenige Gemälde der Kurfürstin lassen sich nachweisen. Auch die Gruppe der bis heute erhaltenen Gemälde und Zeichnungen ist überschaubar[1]. Ihre wohl früheste erhaltene Arbeit, eine Zeichnung mit einem Selbstbildnis vor der Staffelei (Anhang Nr. 17; Abb. 56) entstand um 1800; die letzte, heute nachweisbare Arbeit, ein Gemälde mit dem Porträt ihrer Tochter Marie, stammt aus dem Jahre 1825 (Anhang Nr. 46; Abb. 64).

55. Das der Kurprinzessin Auguste zugeschriebene Porträt des jungen Kurprinzen Friedrich Wilhelm (1802-1875) entstand etwa um 1805 (Anhang Nr. 47).

56. Aus der frühen Hanauer Zeit datiert das Selbstbildnis Augustes vor der Staffelei, das um 1800 in Schloß Philippsruhe entstanden sein dürfte (Anhang Nr. 17).

Augustes frühe Arbeiten

Die Zeichnung mit dem Selbstbildnis zeigt Auguste, im Profil gesehen, nachdenklich vor ihrer Staffelei sitzen, auf der ein Porträt ihres Vaters steht. Der Wohnraum ist eher bescheiden eingerichtet. Links unter dem Fenster steht ein Spinett, rechts auf dem Kaminsims sind vor einem Spiegel einige kleinformatige Skulpturen, hauptsächlich Repliken nach antiken Vorbildern, und Vasen aufgereiht. Diese dekorativen Elemente stehen für die eindeutig musischen und künstlerischen Interessen der Zeichnerin selbst. Recht geschickt hat Auguste versucht, die komplexe, räumliche Situation zu bewältigen. Wahrscheinlich entstand die Zeichnung in Zusammenhang mit dem Tod ihres Vaters 1797.

Den ersten Versuch mit der Ölmalerei unternahm Auguste beim Porträt ihres Sohnes Friedrich Wilhelm (Anhang Nr. 47; Abb. 55), welches vermutlich noch in Hanau um 1805 vollendet wurde[1a]. Sie zeigt ihren etwa dreijährigen Sohn in ganzer Figur und en face, bekleidet mit einem schwarzen Anzug und mit einer Peitsche in der Hand. Auffällig sind die großen dunklen Augen, die direkt auf den Betrachter ausgerichtet sind.

Sowohl Augustes eigene künstlerische Tätigkeit als auch ihr wachsendes Kunstverständnis und Kunsturteil waren eng verknüpft mit ihrem Lehrer, dem Maler Johann Friedrich Bury.

Johann Friedrich Bury, Augustes Lehrer

Johann Friedrich Bury (1763-1823) erhielt seine Ausbildung in seiner Vaterstadt Hanau an der dortigen Zeichenakademie[2] und bei Anton Wilhelm Tischbein (1730-1804), Hofmaler des Erbprinzen Wilhelm von Hessen und ehrenamtlicher Lehrer an der Zeichenakademie. Während seines langjährigen Romaufenthaltes (1782-1799) gehörte Bury zum Freundeskreis um Johann Wolfgang von Goethe und die Maler Johann Heinrich Wilhelm Tischbein (1751-1829) und Johann Erdmann Hummel (1769-1852)[3].

In Rom widmete sich Bury vornehmlich dem Kopieren alter Meister, eine Kunst, die ihm uneingeschränkte Achtung einbrachte, ebenso wie seine Porträtaufträge, mit denen er seinen Lebensunterhalt aufbessern konnte. Zusammen mit Hummel kehrte er 1799 in die Heimat zurück und reiste nach einem kurzen Aufenthalt bei seiner Familie in Hanau weiter nach Weimar. Dort erhoffte sich Bury durch sein freundschaftliches Verhältnis zu Goethe und seine ebenfalls aus römischen Zeiten stammende Bekanntschaft mit der Herzogin

Anna Amalia eine feste Anstellung. Zwar entstanden einige Porträts der Weimarer Gesellschaft, auch malte Bury ein Porträt Goethes[4], doch seine Hoffnungen, dort ganz Fuß fassen zu können, wurden nicht erfüllt. So beschloß Bury im Jahre 1801, sich als freischaffender Maler in Berlin niederzulassen[5]. Er knüpfte Kontakte zum preußischen Königshaus und bereits im Sommer 1802 führte ihn ein erster bedeutender Auftrag nach Dresden, wo er für die Königin Luise die Sixtinische Madonna von Raffael kopierte[6].

Bury lernte die Kurprinzessin Auguste vermutlich erst im Laufe des Jahres 1803 in Berlin kennen[7]. Augustes erster bekannter Brief an Bury datiert vom 11. März 1803 aus Hanau, geschrieben nach Berlin, in dem sie ihm für übersandte Zeichnungen dankt und hofft, Burys Raffael-Kopie für Königin Luise in Berlin sehen zu können[8].

Nach dem Tod des Kasseler Akademiedirektors Wilhelm Böttner (1752-1805) wird sich auch Auguste - vermutlich noch von Hanau aus - für Friedrich Bury als dessen Nachfolger eingesetzt haben. Da sich Wilhelm Tischbein, dem diese Stelle angetragen war, nicht entschließen konnte, schlug der Architekt Heinrich Christoph Jussow am 27. April 1806 vor, „den Geschichtsmaler Bury" als „ersten Hofmaler, Lehrer der Akademie und Mitdirektor der Klasse der Malkunst" zu berufen[9]. Burys Wunsch, die Stelle erst Anfang 1807 antreten zu dürfen, wurde entsprochen. Jedoch zerschlug sich die Berufung durch die französiche Besatzung. Erst im Jahre 1815 wurde die immer noch freie Direktorenstelle dann mit Johann August Nahl d.J. besetzt[10].

Johann Friedrich Burys erste Porträts der Kurprinzessin Auguste

Der Kontakt zwischen Kurprinzessin Auguste und Bury vertiefte sich seit ihrem Aufenhalt in Berlin ab 1806. Dort lebte sie wegen der französischen Fremdherrschaft mit ihren Kindern im Exil und traf dort auch wiederholt mit ihrer Schwester Wilhelmine, der Prinzessin von Oranien, zusammen.

Im Jahre 1808 schuf Bury zwei Porträts der Kurprinzessin: das eine zeigt Auguste in fast noch kindlicher Anmut als Hüftbild im weißen Kleid und roten Schal (Anhang Nr. 18; Abb. 59)[11], das andere Auguste an der Staffelei, die Sixtinische Madonna kopierend (Anhang Nr. 20; Abb. 60).

Bury präsentiert die Prinzessin en face, in einem weißen, unter der Brust gegürteten Kleid mit kurzem Arm und darüber einem roten, an den Säumen und an den schmalen Enden mit Mustern verzierten, über dem Kopf

57. *Augustes Porträt des Prinzen Georg von Hessen-Kassel, eines Sohnes von Kurfürst Wilhelm I. jüngerem Bruder Friedrich, entstand 1816 (Anhang Nr. 33).*

gezogenen, von einem bestickten Stirnband gehaltenen Schal. Mit der rechten Hand hält sie das geraffte Schalende, während sie mit der erhobenen Linken in den Schal greift. Der Kontrast zwischen rot und weiß ist sicher als Anspielung auf die Farben Hessens zu verstehen. Um den Hals trägt Auguste eine prächtige Perlenkette und an den Fingern mehrere Ringe[12]. Der dunkle, bei näherem Hinsehen bedrohlich wirkende Hintergrund ist angefüllt mit gespenstischen, insektenartigen Ungeheuern, die aus Flammen hervortreten. Dies gilt als Hinweis auf Augustes Schicksal als eine von den Franzosen Vertriebene[13].

Kurprinzessin Auguste, die „Sixtinische Madonna" kopierend

Bereits im Sommer des Jahres 1802 hatte Bury, wie oben erwähnt, seine Kopie von Raffaels Sixtinischer Madonna in Dresden fertiggestellt[14]. Auch Auguste kannte das Gemälde aus eigener Anschauung, da sie anläßlich einer Reise im Sommer des Jahres 1808, auf der Bury sie begleitete, einige Zeit in Dresden verbracht hatte[15].

Bury zeigt das Porträt der Kurprinzessin in Halbfigur als Malerin, leicht schräg vor der Staffelei sitzend, den Kopf dem Betrachter zugewandt und gerade damit beschäftigt, die

58. Der Maler Johann Friedrich Bury (1763-1823) war Augustes Lehrer im Zeichnen und Malen; sein hier abgebildetes Selbstporträt datiert um 1800 (Anhang Nr. 53).

59. Johann Friedrich Burys erstes Porträt der Kurprinzessin Auguste entstand 1808 und erregte die Aufmerksamkeit Goethes (Anhang Nr. 18).

60. Johann Friedrich Burys zweites Porträt der Kurprinzessin Auguste aus den Jahren 1808/09 zeigt diese beim Kopieren der Sixtinischen Madonna (Anhang Nr. 20).

Sixtinische Madonna zu kopieren[16]. Dabei sind Bildmotiv und Malerin in der Weise aufeinander bezogen, daß der Kopf Augustes den Kopf der Madonna verdeckt und damit Auguste gleichsam die Position der Madonna einnimmt. Die so von Bury gewählte außergewöhnliche Komposition[17] gibt Aufschluß nicht nur über die Porträtierte, sondern auch über den Maler.

Zunächst charakterisiert Bury Auguste als Malerin, gleichzeitig auch als Kopistin eines der beachtetsten Gemälde der Dresdner Gemäldegalerie. Darüberhinaus entsteht der Eindruck eines neuen Bildes, eben Auguste als „Madonna mit Kind". Friedrich Bury unterstreicht Augustes Selbsteinschätzung und ihr Selbstverständnis: die Anerkennung als Malerin und die Bestätigung ihrer Rolle als Mutter.

Die Annahme, Auguste wolle sich auf diese Weise gar mit Raffael gleichsetzen und damit künstlerisch selbst erhöhen, scheint mir deshalb abwegig, weil eine solche Haltung ihrer Hochachtung und ihrem Respekt vor den alten Meistern widersprechen würde. Pose und Ausschnitt des Gemäldes sind ohne Zweifel eine Erfindung Burys, dem hier möglicherweise gleichsam eine Apotheose der von ihm hochgeschätzten und verehrten Persönlichkeit vorschwebte[18]. Daß Auguste diese außergewöhnliche Darstellung und die Verehrung Burys gefiel und schmeichelte, ist verständlich[19]. Sie selbst kopierte beide Porträts, welche sich heute in der Hessischen Hausstiftung in Schloß Fasanerie bei Fulda (Anhang Nr. 19; Abb. 39) und in den Staatlichen Museen Meiningen, Schloß Elisabethenburg (Anhang Nr. 21; Abb. 62), befinden.

61. Augustes Kopie ihres von Bury geschaffenen Porträts entstand wie die Vorlage im Jahr 1808 (Anhang Nr. 19).

62. Augustes Kopie ihres von Bury geschaffenen Porträts beim Kopieren der Sixtinischen Madonna entstand 1809/10 (Anhang Nr. 21).

63. Augustes Tochter Caroline (1799-1854) blieb unverheiratet und lebte zumeist bei ihrer Mutter. Burys Porträt von ihr entstand 1820 (Anhang Nr. 43).

64. Augustes Tochter Marie (1804-1888) heiratete 1825 den Herzog von Sachsen-Meiningen. Das von ihrer Mutter geschaffene Porträt entstand 1825 (Anhang Nr. 46).

Einer hohen Reisenden

Wohin Du trittst, wird uns verklärte Stunde,
Dir leuchtet Klarheit frisch vom Angesicht,
Vom Auge Gutheit, Lieblichkeit vom Munde,
Aus Wolken dringt ein reines Himmelslicht.
Der Ungeheuer Schwarm im Hintergrunde,
Er drängt, er droht, jedoch er schreckt dich nicht,
Wie du mit Freiheit unbefangen schreitest,
Das Herz erhebst und jeden Geist erweitest.

So wandelst du, dein Ebenbild zu schauen,
Das majestätisch uns von oben blickt,
Der Mutter Urbild, Königin der Frauen,
Ein Wunderpinsel hat sie ausgedrückt.
Ihr beugt ein Mann, mit liebevollem Grauen,
Ein Weib die Knie, in Demut still entzückt;
Du aber kommst, ihr deine Hand zu reichen,
Als wärest du zu Haus bei Deines gleichen.

Doch schreite weiter, was auch hier sich finde,
Zum Lande hin, dem doch kein andres gleicht,
Wo uns Natur befreit, wie Kunst auch binde,
Der Geist sich stählt, wenn sich das Herz erweicht,
Vor stillem Schaun so Zeit- als Volksgewinde
Zum Abgrund wallt, zur Himmelhöhe steigt:
Dorthin gehörst Du, die Du schaffend strebest,
Die Trümmer herstellst, Totes neu belebst.

Führ uns indes durch blumenreiche Matten,
Am breiten Fluß durchs wohlbekannte Tal,
Wo Reben sich um Sonnenhügel gatten,
Der Fels dich schützt vor mächt'gem Sonnenstrahl;
Genieße froh der engen Laube Schatten,
Der reinen Milch unschuldig würd'ges Mahl,
Und hier und dort vergönn an Deinen Blicken,
an Deinem Wort uns ewig zu entzücken!

65. Diese von Pompeo Marchesi und Eduard Ihlee (?) geschaffene Sitzfigur Goethes entstand um 1838 (Anhang Nr. 52).

Johann Friedrich Bury und Johann Wolfgang von Goethe

Diese beiden Porträts Burys gewinnen besondere Bedeutung, weil sie Johann Wolfgang von Goethe, gerade zur Kur in Karlsbad, zu dem Gedicht „Einer hohen Reisenden" veranlaßten[20], das Burys Auffassung und Darstellung kommentiert und sprachlich verdichtet.

Der unmittelbare Zusammenhang zwischen Dichtung und Malerei - die erste Strophe bezieht sich auf das kindliche Porträt Augustes, während die zweite Strophe das Porträt an der Staffelei kommentiert, worauf erstmals Erich Herzog hingewiesen hat - ist in der Tat verblüffend. Beide Porträts dürfte Goethe nicht im Original, sondern als kleine skizzierte Zeichnungen von Burys Hand gesehen haben. Dabei ist anzunehmen, daß Goethes Gedicht nach Burys Vorlagen entstand und nicht umgekehrt[21].

Auguste muß das Gedicht und das von Bury nach den Vorstellungen Goethes skizzierte Konzept für die Gestaltung des Gedichtes, umrahmt von Ansichten aus Dresden und Umgebung, mit großer Freude entgegengenommen haben, wie in einem Brief Burys an Goethe nachzulesen ist, der einen der zahlreichen beredten Beweise für Burys tiefe Verehrung von Goethe darstellt und seine gleichsam schwärmerische Wertschätzung der Kurprinzessin bezeugt[22].

Burys Doppelporträt der Schwestern Wilhelmine und Auguste mit Augustes Tochter Marie

Bereits im Herbst 1808 begann Bury das prächtige lebensgroße Porträt der beiden Schwestern gemeinsam mit Augustes jüngster Tochter Marie (Anhang Nr. 22; Abb. 66)[23]. Kaum vollendet, war es auf der Akademieausstellung in Berlin im Sommer 1810 zu sehen[24].

Das großformatige Gemälde zeigt die drei Personen in ganzer Figur, jeweils en face dem Betrachter zugewandt. Die beiden Schwestern tragen lange schwarze Gewänder mit weißem Stehkragen, auf denen sich Goldketten wirkungsvoll abheben[25], und prächtige Kaschmirschals, die, um die Schultern gelegt und von den Armen gehalten, seitlich bis fast auf den Boden herabfallen. Wilhelmines Schal ist orange-braun, Augustes Schal dagegen kräftig rot, ähnlich dem auf ihrem frühen Porträt (Anhang Nr. 18; vgl. Abb. 59). Genau im Bildzentrum treffen sich ihre beiden Hände, die mit Ringen reich geschmückt sind. Auguste hält in ihrer Linken ein Buch mit kostbarem blauem Einband. Aus der Bildmitte etwas nach rechts gerückt steht Augustes jüngere Tochter Marie (geb. 1804), die spätere Herzogin von Sachsen-Meiningen, im weißen Kleid und rosafarbenen Seiden-

66. Vor dem Hintergrund der Berliner Friedrichstadt porträtierte Johann Friedrich Bury auf diesem Gemälde die Schwestern Wilhelmine (1774-1837; seit 1791 Prinzessin von Oranien) und Auguste (1780-1841; seit 1797 Prinzessin, seit 1803 Kurprinzessin von Hessen-Kassel) von Preußen zusammen mit Augustes Tochter Marie (1804-1888). Das Gemälde entstand 1810 (Anhang Nr. 22).

schuhen. In ihren beiden Händen hält sie jeweils einen Lilienzweig.

Zwischen den Frauenfiguren erhebt sich ein Palmenstamm, dessen buschige Krone sich gleichsam schützend über der Gruppe ausbreitet. Im gradlinig geführten Horizont sind - wiederum symmetrisch zu Seiten der Mittelachse - unter nahezu wolkenlosem, blauem Himmel die Laternen des deutschen und französischen Domes am Gendarmenmarkt in Berlin zu erkennen, weiter rechts die Turmspitze der Marienkirche.

Die strenge Symmetrie der Komposition wird durch die zwillingshafte Ähnlichkeit der Schwestern mit ihrer nahezu identischen Kleidung und den detailliert ausgearbeiteten Frisuren zusätzlich hervorgehoben. Mit dem Verlauf der Horizontlinie exakt in Höhe der Schultern betonte Bury die Gesichter als isolierte Bildbereiche und steigerte auf diese Weise die Monumentalität der Figuren.

Bury gelang hier die Inszenierung eines majestätischen Auftritts[26]: Zeugnis familiärer Verbundenheit, geschwisterlicher Zuneigung und mütterlicher Fürsorge.

Nach Augustes Rückkehr in die kurfürstliche Residenzstadt im Jahre 1813 blieb der intensive Kontakt zwischen Lehrer und Schülerin erhalten. Bury gab seinen bis dahin festen Wohnsitz in Berlin auf und arbeitete nun abwechselnd im Haag und in Brüssel bei Augustes Schwester Wilhelmine, der Prinzessin von Oranien und späteren Königin der Niederlande, und in Kassel, wo er Auguste, ihren Töchtern Caroline und Marie, der späteren Herzogin von Sachsen-Meiningen, und dem Sohn Friedrich Wilhelm Unterricht erteilte[27].

Augustes Porträt des Erbprinzen Friedrich Wilhelm mit zwei hessischen Bauern

Kurz nach ihrer Rückkehr aus dem Exil entstand Augustes bedeutendstes eigenhändiges Gemälde. Dessen programmatischer Charakter veranlaßte Auguste, es als persönliches Geschenk der Stadt Kassel zu vermachen. Das großformatige, ganzfigurige Gruppenporträt zeigt zwei hessische Bauern, die zwischen sich den Erbprinzen Friedrich Wilhelm (1802-1870), den einzigen Sohn Augustes, präsentieren.

Anlaß dieser ungewöhnlichen Darstellung war Augustes Rückkehr aus dem Exil mit ihrer Familie am 13. November 1813. Wie rückseitig auf der Leinwand vermerkt, fand die Begegnung in Netra statt, der ersten hessischen

67. Die Darstellung des hessischen Kurprinzen Friedrich Wilhelm (1802-1875) mit zwei hessischen Bauern bei Netra dokumentiert die dynastischen Ansprüche Augustes; sie schenkte ihr 1815 entstandenes Gemälde der Stadt Kassel, wo es im Rathaus ausgestellt wurde (Anhang Nr. 48).

Poststation von Sachsen aus. Offenbar war Auguste durch ihre schwierige persönliche Situation aufgrund der Spannungen mit ihrem Gemahl Erbprinz Wilhelm wegen seines Verhältnisses zu Emilie Ortlöpp, der späteren Gräfin Reichenbach, besonders daran gelegen, die Rückkehr des rechtmäßigen Erben angemessen zu dokumentieren.

Die drei lebensgroßen Figuren stehen auf einem abschüssigen Gelände, das sich nahe einer Ortschaft befindet. Der Erbprinz, im schwarzen Anzug und weißem Spitzenkragen frontal dem Betrachter zugewandt, posiert in der Mitte. Zu seiner Rechten steht ein Schwälmer Bauer mit dunklen Haaren, im hellgrauen Mantel über einem roten Hemd, das eine schwarze Kragenschleife sichtbar läßt, mit weißen Strümpfen und schwarzen Schuhen. Seine rechte Hand umfaßt das Handgelenk des Prinzen, mit seiner Linken hält er seine Kappe und stützt sich auf einen groben Stock[28]. Sein Blick ist ahnungsvoll nach oben zum Himmel gerichtet. Zur Linken des Prinzen steht ein südhessischer Bauer mit langen blonden Haaren, in schwarzen Stiefeln, mit blauem Rock über beigefarbener Hose und braungrauer Weste über einem gemusterten Hemd mit einer schwarzen Kragenschleife. Mit seiner Linken hält er die linke Hand des Prinzen, seine Rechte hält eine rote Fahne mit dem hessischen Löwen, die die Figurengruppe nach hinten abschließt.

Im Hintergrund links ist ein dreistöckiges Gebäude zu erkennen, über dem sich eine dunkle Wolke zusammengezogen hat, auf der rechten Seite steht ein kleines baumumstandenes Bauernhaus, vor dem sich einige Paare in Schwälmer Tracht zum Tanz versammelt haben. Ob es sich um einen topographisch bestimmbaren Ort handelt, ist nicht bekannt.

Auffällig ist in Augustes Gemälde die streng symmetrische Komposition, die sich unmittelbar an Burys Porträt der beiden Schwestern mit Prinzessin Marie anlehnt (Anhang Nr. 48; Abb. 66). Die deutlichen Schlagschatten in Höhe der Standflächen der Figuren erinnern an Gemälde Johann Erdmann Hummels[29]. Bury wird darüberhinaus auch in bezug auf die Porträtauffassung und die weiche Farbigkeit des Gemäldes beratend eingewirkt haben.

Trotz aller Kunstfertigkeit im Detail haftet dem Gemälde eine gewisse Starrheit an, die das programmatische Bewußtsein der Malerin zusätzlich unterstreicht. Auguste besteht auf der Einhaltung der Rechte ihrer Familie und dem Anspruch ihres Sohnes auf die kurfürstliche Regentschaft. Diesen Anspruch verknüpft sie mit ihrer liberalen Gesinnung, indem sie ihrem Sohn zwei Vertreter des Bauernstandes als Beschützer zur Seite stellt. Dabei verzichtet Auguste auf jeglichen fürstlichen Prunk und höfische Repräsentation. Sie verläßt sich vielmehr in dieser Komposition auf ihren Lehrer Bury und damit auf die Wirkungsweise der aus der religiösen Malerei vertrauten Darstellungsform der „Sacra Conversazione".

Johann Friedrich Bury: Auguste im roten Samtkleid

Burys prächtiges Porträt der Auguste im roten Samtkleid (Anhang Nr. 23; Abb. 68) entstand im Jahre 1820[30]. Auffällig ist, daß Bury jeden Hinweis oder jede Anspielung auf den Hof bewußt vermied. Ja selbst der Herkules am Horizont blieb geschickt ausgespart.

Auguste, en face in Dreiviertelfigur dem Betrachter zugewandt, thront auf einem goldfarbigen Fauteuil, dabei ruhen ihre Arme auf den aus Schwanenhälsen geformten Armlehnen. Sie trägt ein rotes Samtkleid mit perlenbesetztem Ausschnitt und weiten Puffärmeln, die Schultern sind mit Schleifen besetzt, die mit weißer Seide gefüttert sind. Um den Hals trägt sie zwei Perlenketten, die eine Brosche umspielen, die unterhalb der Brust auf dem Kleid angebracht ist. An den Händen trägt Auguste ihren schon bekannten Ringschmuck. Auf dem Kopf – ihr Haar wird von einem Perlenreif geschmückt – trägt sie einen üppigen, federbesetzten, ebenfalls samtroten Hut. Das überaus fein gemalte Gesicht ist ähnlich wie bei dem Porträt der beiden Schwestern (Anhang Nr. 22; Abb. 66) frei vor die blaue Himmelszone gesetzt. Über ihr schwebt ein seitlich gerafftter Vorhang aus schwerem grünfarbigen Stoff. Selbstbewußt blickt Auguste dem Betrachter entgegen.

Der Fauteuil ist nah an die Öffnung eines mit Doppelpilastern geschmückten Torbogens gerückt, an dessen Seiten jeweils eine steinerne Figurengruppe aufgestellt ist, wobei die linke Gruppe, die weitgehend Werner Henschels „Caritas"-Gruppe folgt, von einem Rosenstrauch, die gegenüberstehende „Hassia", die ebenfalls auf Henschel zurückgeht, von einem Lorbeerstrauch gerahmt ist[31]. Im Hintergrund blickt man über eine Brüstung hinweg auf die abwechslungsreichen Konturen des Panoramas der Stadt Kassel mit dem Habichtswald vor dem tiefliegenden Horizont.

Mit der selbstsicheren Haltung und dem selbstbewußten Gesichtsausdruck unterstreicht Bury Augustes Anspruch als rechtmäßige Landesfürstin. Dabei sind allerdings nicht höfische Attribute ausgewählt, sondern „Caritas" und „Hassia", symmetrisch zu beiden Seiten der zentralen Mittelfigur angeordnet,

68. Johann Friedrich Burys 1820 entstandenes bedeutendstes Porträt der späteren Kurfürstin Auguste bringt Augustes Anspruch als legitime Landesfürstin zum Ausdruck (Anhang Nr. 23).

stehen eindeutig für ihre Rolle als Mutter bzw. auch Landesmutter.

Bury bevorzugte in seinen Porträts eine En-face-Haltung der dargestellten Personen, ein Schema, das Auguste übernahm und entsprechend in ihren eigenen Porträts anwandte. Darüberhinaus hielt sich Auguste auch in Lichtführung und Farbigkeit an die Vorgaben ihres Lehrers, wie es in den Porträts ihrer Tochter Marie (Anhang Nr. 46; Abb. 64) und des Prinzen Georg (Anhang Nr. 47; Abb. 57) bespielhaft zu überprüfen ist.

Johann Erdmann Hummel

Nicht nur Burys Anregungen folgte Auguste stets mit Respekt und Begeisterung, gleiches Interesse galt auch einigen seiner Künstlerfreunden, die sie unterstützte und förderte. Zu ihnen gehörte der Maler Johann Erdmann Hummel (1769-1852). Nach dem Studium an der Kasseler Akademie und längerem Aufenthalt in Italien, wo er Friedrich Bury kennenlernte, kehrten beide zusammen 1799 nach Kassel zurück. Die von Hummel erhoffte feste Anstellung an der Akademie blieb ihm jedoch versagt. Auch Hummel ging, wie Bury, nach Berlin. Dort gelang es ihm 1809, eine Professorenstelle zu erhalten. Daß Auguste ihn als Künstler und zeitweiligen Lehrer schätzte, belegen ihre Briefe an Hummel, von denen die meisten aus den Jahren zwischen 1813 und 1821 stammen[32].

Selbstverständlich versuchte Auguste, Hummel zu Aufträgen zu verhelfen und durch den Erwerb von Gemälden zu fördern. So gehörte in ihren Besitz das Gemälde „Die Kapelle", das Hummel zu Beginn des Jahres 1816 fertiggestellt hatte. Bereits in einem Brief vom 9. März 1815 dankte Auguste Hummel für die Zusendung einer Skizze, die ihre volle Bewunderung fand[33]. Einige Zeit später erwähnt sie den vortrefflichen Platz, den das Gemälde bei ihr gefunden habe[34]. Heute befindet sich das Gemälde in der Stiftung Pommern in Kiel[35].

Gerade den Malern Friedrich Bury und Johann Erdmann Hummel galt Augustes besondere Bewunderung, die sie zu wahren Lobeshymnen veranlaßte[36]. Ihre Wertschätzung liegt naturgemäß darin begründet, daß beide Maler auch ihre Lehrer waren und auf diese Weise ein kontunierlicher Austausch über künstlerische Belange gegeben war. Darüberhinaus pflegten beide Maler auch untereinander Kontakt, wie es die zahlreich überlieferten Briefe belegen[37]. Der Vorbildcharakter beider Maler wird in Augustes eigenen Gemälden nicht nur offenkundig, sondern sie gelten gleichzeitig auch als auch Maßstab für Augustes Bewertung anderer Künstler.

Sie schätzte die klassische, an den alten Meistern geschulte und orientierte Komposition. So bevorzugte Auguste auch für ihre Porträts eine Bildparallele, en face ausgerichtete Haltung, die sich auf klare Umrißlinien des Kopfes, bewußte Kostümierung und gezielte Lichtführung zur Intensivierung der Ausdruckskraft konzentrierte.

Auguste als Mäzenin und Sammlerin

Neben Friedrich Bury und Johann Erdmann Hummel förderte Auguste auch einige Künstler, die in Kassel ansässig waren. Insgesamt nahm sie am Kasseler Kunstleben regen Anteil, wie gerade auch in den bereits zitierten Briefen an Johann Erdmann Hummel immer wieder zu lesen ist. Zur Gruppe der von Auguste geschätzten Künstlern gehörte der Bildhauer Werner Henschel (1782-1850), der auch mit Bury befreundet war und dem sie wiederholt Aufträge verschaffte[38]. Möglicherweise geht auch Henschels ganzfiguriges Porträt Augustes (Anhang Nr. 31; Abb. 69) auf einen Auftrag der Kurprinzessin zurück. Es zeigt Auguste als jugendliche Kurprinzessin in antikisierendem Gewand. Ihre linke Hand greift in Taillenhöhe in einen Stoffbausch, während

69. Werner Henschels (1782-1850) Ganzfigur der Kurfürstin Auguste aus Gips entstand um 1820 und wurde später terrakotisiert (Anhang Nr. 31).

70. *Der Bildhauer Werner Henschel (1782-1850) wurde von der Kurfürstin Auguste gefördert; sein als Kohlezeichnung ausgeführtes Porträt von Carl Glinzer entstand 1831 (Anhang Nr. 62).*

die Hand des ausgestreckten rechten Armes ein Medaillon vorzeigt[39].

Als nachweisbar sichere Werke Henschels gelten dagegen die drei Büsten ihrer Kinder, von denen heute nur die Gipsbüsten von Caroline und Friedrich Wilhelm erhalten sind, während die Büste der jüngsten Tochter Marie als verschollen gilt.

Carolines Porträt mit fast noch kindlichen Zügen (Anhang Nr. 44; Abb. 16) entstand im Jahre 1817. Auguste erwähnt den bevorstehenden Beginn in einem Brief an Johann Erdmann Hummel vom 6. Juni 1817, das Porträt des Sohnes (Anhang Nr. 49; Abb. 41) dagegen erst 1821, da Auguste mit Freude von dem gelungenen Porträt berichtet, wiederum in einem Brief an Hummel vom 4. Juni 1821[40].

Werner Henschel ist vermutlich auch für den bisher noch unbekannten Grabmalentwurf verantwortlich, der im Inventar des Schlosses Bellevue aufgeführt wird, das anläßlich der Übernahme 1871 des Bestandes nach Schloß Philippsruhe erstellt worden war[41]. Auf einer quadratischen flachen Plinthe erhebt sich ein rechteckiger Sockel über einer Gruppe von über Eck angeordneten Cherubimköpfen, deren Flügel sich jeweils in der Mitte treffen. Auf dem oberen Absatz, der mit seitlich herabhängender Draperie dekoriert ist, ruht ein schlafender Löwe. Die Inschrift auf der Vorderseite nennt die Bestimmung des Grabmals für Auguste, an den beiden Seiten sind ihr Geburts- bzw. ihr Sterbedatum eingeritzt.

Leider ist nicht bekannt, ob dieser Entwurf möglicherweise bereits zu Lebzeiten Augustes entstand und ob er jemals zur Ausführung gelangte. Augustes schlichte Grabstätte befindet sich nahe dem heutigen Lutherplatz, wo sie neben ihrem Sohn Friedrich Wilhelm (gest. 1875), dem letzten Kurfürsten, und ihrer ältesten Tochter Caroline (gest. 1854) begraben liegt (Anhang Nr. 103; Abb. 25).

Nicht unerwähnt bleiben soll hier, daß Auguste, gemeinsam mit ihrer Schwester Wilhelmine, bei Werner Henschel 1819 eine Büste des gemeinsamen Lehrers und später das Grabmal für Friedrich Bury in Auftrag gegeben hat, der 1823 in Aachen starb und dort beerdigt wurde[42].

Den Maler Ludwig Hummel (1770-1850), der in Kassel tätig war, bat Auguste gelegentlich um Rat und Hilfe[43]. Dies geschah jedoch gleichsam nur in Notfällen, dann nämlich, wenn Bury oder Johann Erdmann Hummel nicht greifbar waren. Offenbar schätzte Auguste das Talent Ludwig Hummels nicht sehr[44].

Besondere Förderung durch Auguste erfuhr der Berliner Maler Bonaventura Genelli (1798-1868), den sowohl Bury als auch Hum-

71. Bonaventura Genelli (1798-1868) gehörte zu den von der Kurfürstin Auguste geschätzten Künstlern; sein Aquarell mit der Darstellung von Simson und Delila entstand 1826 und hing in Schloß Schönfeld (Anhang Nr. 105).

mel der Kurprinzessin wiederholt empfahlen mit der Bitte, diesen talentierten jungen Künstler zu unterstützen. Auch wenn Auguste dies wiederholt ablehnen mußte, konnte sie doch bei ihrer Schwester, der Königin der Niederlande, ein Rom-Stipendium für Genelli erwirken[45]. Schließlich unterstützte Auguste Genelli dann doch, indem sie einige Aquarelle erwarb, die sich heute im Museum in Schloß Fasanerie befinden[46].

Zu den bedeutendsten dieser Gruppe gehört die Darstellung mit Simson und Delila, die durch die dramatische und bühnenhafte Komposition der verschiedenen Figurengruppen besonders eindrucksvoll ist. Typisch für Genelli ist die antikische und an Michelangelo orientierte Körperauffassung, die sich durch die Betonung der klaren Umrißlinien auszeichnet und dadurch ihre überformte Plastizität erhält. Genelli hatte mit derartigen stilistischen Vorlieben als Künstler einen schweren Stand, da der Zeitgeschmack, nicht nur in Berlin, sich zu wandeln begonnen hatte. Der Klassizismus mußte dem sich immer mehr durchsetzenden romantischen Bewußtsein weichen.

Es ist nicht überliefert, ob Auguste Genelli wirklich schätzte oder ob sie ihn nur auf Drängen Burys mit dem Erwerb einiger Arbeiten unterstützen wollte. Fest steht, daß diese Stilrichtung aus den bekannten Vorlieben der Kurfürstin eher herausfällt und deshalb Genellis Aquarell-Gruppe eher eine Ausnahme bildet.

72. Carl Rohdes (1806-1873) Gemälde aus dem Jahr 1824 mit den hessischen Auswanderern vor Kassel gehörte zu den Bildern der Kurfürstin Auguste und hing in Schloß Schönfeld (Anhang Nr. 109).

73. Auch das 1834 entstandene Gemälde von Louis Noël de Fréville mit der Darstellung des Fuldatals bei Kassel mit Blick auf den Habichtswald gehörte zu den Gemälden in Schloß Schönfeld (Anhang Nr. 69).

Einen nur ungenauen Einblick in das, was Auguste - abgesehen von den bereits erwähnten Künstlern und Kunstwerken - schätzte und in das, womit sich Auguste umgab und ihre Wohnungen ausstattete, ist das Inventar des Schlößchen Schönfeld aus dem Jahre 1854[47]. Obwohl die Eintragungen der Sujets nur unzureichend beschrieben und in vielen Fällen die Künstlernamen ganz fehlen, können einige Werke identifiziert werden.

Es handelt sich z.B. um das Gemälde „Hessische Auswanderer vor Kassel" des Kasseler Malers Carl Rohde (1806-1873) aus dem Jahr 1824, ein Thema, mit dem sich Auguste möglicherweise durch ihre eigenen Erfahrungen gut identifizieren konnte. Mußte sie damals 1806 aus politischen Gründen das Land verlassen, so vertreibt diese Schwälmer Familie die finanzielle Not aus ihrer Heimat. Wenn auch ein wenig rührselig im Ausdruck, bleibt das Gemälde ein wichtiges und anschauliches Dokument der sozialen Probleme der damaligen Zeit (Anhang Nr. 109; Abb. Nr. 72).

Auch der Maler Louis Noël de Fréville (1803-nach 1850) war nach seinem Studium an der Kasseler Akademie bei Friedrich Müller noch einige Jahre in Kassel tätig. Sein Gemälde „Das Fuldatal bei Kassel mit Blick auf den Habichtswald" entstand 1834 und zeigt die Stadt aus einem weniger bekannten Blickwinkel (Anhang Nr. 69; Abb. Nr. 73). Vielleicht hat gerade das der Kurfürstin und Prinzessin Caroline besonders gefallen.

Zweifellos hat Auguste Kunst und Künstler nach ihren persönlichen Vorlieben ausgewählt und sich dabei an ihren Lehrern Friedrich Bury und Johann Erdmann Hummel orientiert. Außerdem blieb sie zeit ihres Lebens interessiert an dem, was sich künstlerisch Neues in ihrer Vaterstadt Berlin entwickelte. Ebenso wählerisch ging sie auch bei den Kontakten zu Künstlern in Kassel vor, die sie meist auch persönlich kannte und mit denen sie sich regelmäßig austauschte. Auguste wußte, wie wichtig für einen Künstler Anerkennung und Unterstützung waren, auch wenn die Gruppe derer, denen es gelang, Augustes Aufmerksamkeit zu erreichen und von ihr gefördert zu werden, nur klein war.

Auch in dieser Beziehung, der Kunstförderung, sorgten ihre familiären Schwierigkeiten trotz großer Anstrengungen letztlich doch nur für einen eher bescheidenen Handlungsspielraum.

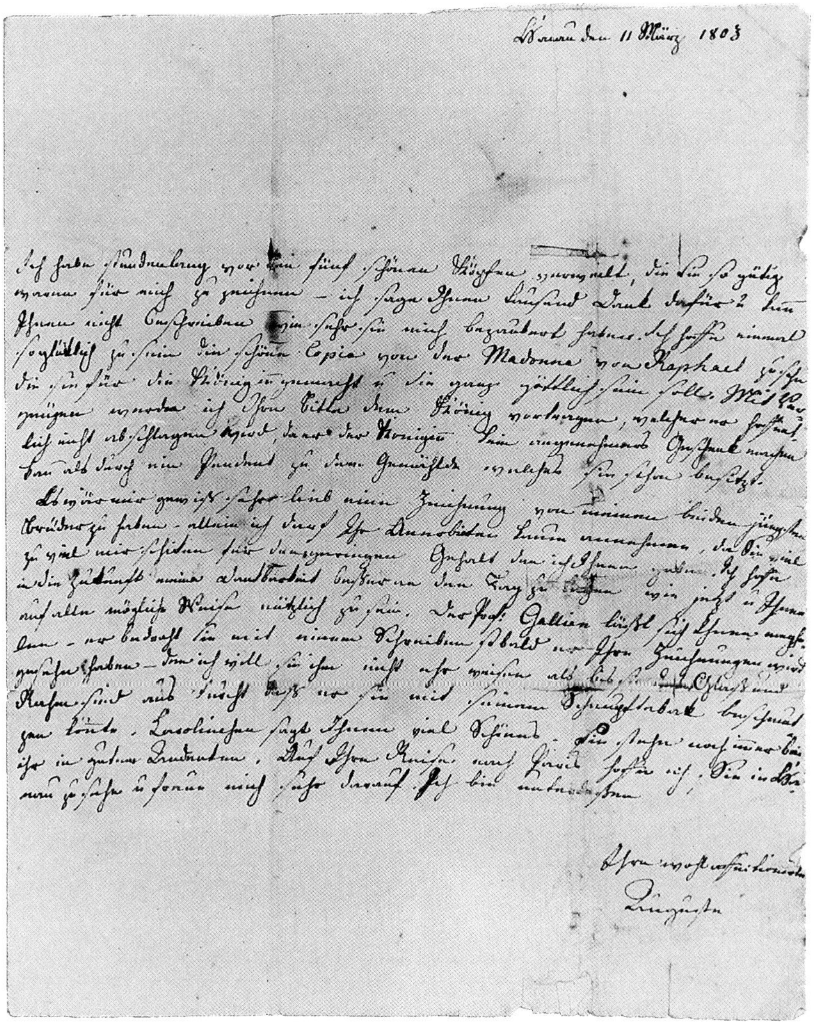

74. „*Ich habe stundenlang vor den fünf schönen Köpfen verweilt, die Sie so gütig waren für mich zu zeichnen – ich sage Ihnen tausend Dank dafür u. kann Ihnen nicht beschreiben, wie sehr sie mich bezaubert haben. Ich hoffe einmal so glücklich zu sein die schöne Copie von der Madonna von Raphael zu sehen die Sie für die Königin gemacht u. die ganz göttlich sein soll"; Brief der Kurfürstin Auguste an Johann Friedrich Bury aus Hanau am 11. März 1803 (Anhang Nr. 113).*

Mein besonderer Dank gilt Herrn Jürgen Kraus, Kaufbeuren, der mir seine umfangreiche Zusammenstellung aller ihm bekannten Briefe Friedrich Burys, sowohl die bereits publizierten als auch die bisher noch unpublizierten großzügig zur Verfügung stellte. Danken möchte ich an dieser Stelle auch Herrn Dr. Meinolf Siemer, Direktor Schloß Fasanerie, der mit großer Sachkenntnis und Geduld Buch- und Ausstellungskonzept tatkräftig unterstützte.

Anmerkungen

1 Es ist bisher nicht gelungen, Augustes Nachlaß ausfindig zu machen. Ebenso muß rätselhaft bleiben, warum ihre Arbeiten, die auf den Berliner Akademie-Ausstellungen mehrfach zu sehen waren, spurlos verschwunden bleiben. Vgl. dazu Helmut Börsch-Supan: Die Kataloge der Berliner Akademie-Ausstellungen 1786-1850. 3 Bde. Berlin 1971 (= Quellen und Schriften zur bildenden Kunst, 4). Auguste ist erwähnt in Band 1, 1810, 7-9; 1812, 8-9; 1816, 2; 1818 VII bestätigt Augustes Ehrenmitgliedschaft der Berliner Akademie seit 1810.

1a Das Porträt wurde in den 60er Jahren von der Brandkasse erworben und den Staatlichen Museen Kassel als Leihgabe übergeben. Wie mir Herr Professor Herzog freundlicherweise mitteilte, stammt das Gemälde von den Nachkommen der landgräflichen Familie, die den Namen Auguste als Malerin des Porträts als auch den des Dargestellten überlieferten.

2 Corinna Trautermann: Die Hanauer Zeichenakademie im Wandel der Zeiten 1772-1948. Hanau o.J., S. 81-105.

3 Es existieren insgesamt 47 Briefe von Bury an Goethe. Die ersten stammen noch aus Burys römischer Zeit, im Jahre 1801 bricht beider Briefkontakt ab. Der Kontakt zu Johann Erdmann Hummel blieb bis zu Burys Tod bestehen.

4 „[...]Göthe, Wieland, Herder und einige Frauenzimmer habe ich gemahlt, mein Ruhm ist bis zur hohen beschützerin der schönen Künste gestiechen, alles spricht von mir, ja so gar wirst Du mein lob im nächsten Werk der prophylen welche Göthe heraus giebt läßen können[...]"; Brief Burys an seinen Bruder Isaak aus Weimar am 16.3.1800 (Original: Freies Deutsches Hochstift Frankfurt a.M.). Im Goethe-Museum in Weimar befindet sich eine Zeichnung Burys, die Goethe en face zeigt, sitzend in lebensgroßer Halbfigur. Sicher handelt es sich dabei um die Vorzeichnung des Porträts, mit welchem sich Bury in der Berliner Gesellschaft vorstellen wollte. In der Tat machte sein Porträt „Goethe mit den Attributen der Künste" Furore und rief große Bewunderung hervor. Vgl. die Briefe Burys an Goethe vom 26.8., 30.9. und 27.11.1800; zit. nach: Briefe an Goethe. Gesamtausgabe in Regestform. Hrsg. von der Stiftung Weimarer Klassik, Goethe- und Schiller-Archiv. Band 3. Weimar 1983, Nr. 854, 910, 991.

5 „Meine Berlinische Expetizion ist die lätzte in Teutschland, hernach komme ich Euch lieben noch einmal zu Umarmen, aber mit dem Versprechen welches Ihr mir heilig halten müst, mich unbeweint in den ersten 8 Tagen meiner Bestimmung nach Rom ziehen zu lassen, man hat schon alles angewand mich hier zu behalten, aber ohne Rom wäre der Tod für mich das beste auf der Welt; ich werde allem anschein nach von hiesigen Hoff einen pension erhalten [...]"; Brief Burys an seinen Bruder Isaak aus Weimar vom 16.3.1800 (Original: Freies Deutsches Hochstift Frankfurt a.M.). Noch von Berlin aus versuchte Bury wiederholt in seinen Briefen an Goethe oder die Herzogin Anna Amalia zu bewirken, entweder ihm Aufträge für Historienbilder in Rom oder eine feste Anstellung in Weimar zu verschaffen; vgl. den Brief vom 2.5.1801 an Herzogin Anna Amalia im Thüringischen Hauptstaatsarchiv in Weimar, und an Goethe vom 21.5.1801; zit. nach Briefe an Goethe (wie Anm. 4), Band 3, Nr. 1252.

6 „[...] Ich kann Ihnen jetzo mit Gewisheit sagen daß mir meine Raphaelische Madonna gerathen ist; ein solches geständeniß wird mir schwer von mir selbst zu geben, indem ich weis, was man von einem so himmlischen Gemählte noch übrig läßt"; Bury in einem Brief vom 8.9.1802 wahrscheinlich an die Gräfin Voß, Haushofmeisterin der Königin Luise (Original: Freies Deutsches Hochstift Frankfurt a.M.).

7 Ob Bury die Kurprinzessin bereits in Hanau kennengelernt hatte, wo sie mit ihrer Familie residierte, ist nicht bekannt. Nachweisen läßt sich jedoch durch einen am 20.2.1802 aus Berlin französisch geschriebenen Brief von der Hand Augustes nach Paris (Original im Archiv des Hanauer Geschichtsvereins, Autographen a = 331 - 337, Stadtarchiv Hanau), daß sie offenbar von Hanau aus ab und zu nach Berlin zu ihrer Familie reiste.

8 „Ich habe stundenlang vor den fünf schönen Köpfen verweilt, die Sie so gütig waren für mich zu zeichnen - ich sage Ihnen tausend Dank dafür u. kann Ihnen nicht beschreiben, wie sehr sie mich bezaubert haben. Ich hoffe einmal so glücklich zu sein die schöne Copie von der Madonna von Raphael zu sehen die Sie für die Königin gemacht u. die ganz göttlich sein soll" (Original: Autographensammlung des Hanauer Geschichtsvereins, Stadtarchiv Hanau).

9 Hermann Knackfuß: Geschichte der Königlichen Kunstakademie zu Kassel. Kassel 1908, S. 112ff.

10 Immerhin wurde Friedrich Bury später zum 1.1.1818 die Ehrenmitgliedschaft der Akademie der Bildenden Künste in Kasssel zuerkannt; vgl. die Urkunde in der Autographensammlung des Hanauer Geschichtsvereins, Stadtarchiv Hanau.

11 Erich Herzog: Spuren Goethes in Kassels Galerien. Kassel 1978, unpag. (= Jahresgabe 1978 der Goethe-Gesellschaft Kassel).

12 Schon vor der genaueren Beschäftigung mit Gemälden der Kurfürstin Auguste war mir der auserlesene Schmuck aufgefallen. Auch in dieser Beziehung war Bury von größtem Einfluß. Bury stammte aus aus einer Juwelier-Familie, die noch heute in Hanau tätig ist. Daß sich Burys gute gesellschaftliche Kontakte auch auf das Geschäft seiner Eltern auswirkten, beweisen zahlreiche Hinweise in den Briefen an seinen Bruder Isaak. Wiederholt ist darin von Bestellungen und Aufträgen die Rede.
„Als ich mich der Königin (Wilhelmine von Oranien; M.H.] vor ihrer Abreiße empfohlen hab, sagte sie mir daß es ihr sehr Angenehm gewäsen wäre, Deine Bekanntschafft durch mich gemacht zu haben, und sie hofte, mehrere Bestellungen bey Dir machen zu können, weil Deine Arbeiten so wohl schön wie mäßig im Preiß wären, und gerade das Gegentheil bey denen Amsterdamer Kauffleuten [...]"; Brief aus dem Haag von 28.3.1815.
„[...] den 6ten Seraphien hat der Churprinz behalten um ihn seiner Eltesten Tochter zu geben [...]"; Brief Friedrich Burys an Isaak vom 24.7.1815 aus Kassel (Beide Briefe in Familienbesitz).
Auch Goethe war Kunde der Firma Bury in Hanau; vgl. seinen Brief an Bury vom 1.2.1816 (Original im Archiv des Hanauer Geschichtsvereins, Stadtarchiv Hanau).

13 Vgl. Herzog, Spuren (wie Anm. 11), passim.

14 Vgl. Anm. 6; M. Putscher hat in ihrem 1955 erschienenen Buch über die Sixtinische Madonna eine aufschlußreiche Zusammenstellung über die Rezeption dieses Gemäldes aufgelistet. In Anhang III ist eine Übersicht über die Kopien, Reproduktionen und sonstigen Nachbildungen der Sixtina aufgeführt. Dort wird auch Burys Kopie erwähnt (S. 271).

15 Herzog, Spuren (wie Anm. 11), passim.

16 Leider ist nicht bekannt, ob Auguste in Dresden tatsächlich Raffaels Gemälde kopiert hat. Die Kopistenbücher der betreffenden Jahrgänge sind leider verbrannt; freundlicher Hinweis von Dr. Gregor M. Weber, Staatliche Museen Dresden.

17 Mir ist Vergleichbares bisher nicht bekannt.

18 Bury steht ja nicht allein in seiner schwärmerischen Verehrung für Auguste. Auch Goethes Gedicht für Auguste „Einer hohen Reisenden" ist von vergleichbarem Tenor geprägt. S.o. S. 92.

19 Eine Absprache zwischen dem Künstler und Auguste kann stattgefunden haben. Die Annahme jedoch, daß es sich hier nicht um ein Auftragswerk Augustes an Bury handelt, sondern um eine autonome Gestaltung des Malers, könnte durch die Tatsache bestärkt werden, daß sich Burys Gemälde noch heute im Besitz der Familie befindet, während allein eine Kopie, die nicht von Auguste stammt, in die landgräflichen Sammlungen gelangte. Augustes

eigenhändige Kopie befindet sich heute in den Staatlichen Museen Meiningen, Schloß Elisabethenburg, (vgl. Anhang Nr. 21; Abb. 62).

20 Goethe und Bury waren in Karlsbad zusammengetroffen, wo sich Bury, im Rahmen einer Reise mit Auguste nach Dresden und Umgebung für einige Tage beurlaubt, aufhielt; vgl. Johann Wolfgang von Goethe: Tag- und Jahreshefte 1808; zit. nach Herzog, Spuren (wie Anm. 11), passim.
Das Gedicht „Einer Hohen Reisenden" siehe bei Johann Wolfgang von Goethe: Sämtliche Werke nach Epochen seines Schaffens. Münchner Ausgabe. München 1987, Band 9, S. 25-26.

21 Herzog, Spuren (wie Anm. 11), passim.

22 „Ihre Königl. Hoheit die Frau Churprinzeß von Hessen, dragen mir auf Eure Exellenz den verbindlichsten Dank für das so Schöne Gedicht Abzustatten; da ich ihr bey überreichgung des Gedicht's und porträts, die größte Hoffnung machte, daß Sie Bald nach Berlin kommen werden, war sie darüber voller Freude, und sagte wenn es nur recht Bald geschehe [...]. Nun noch eins von dieser himmlischen Fürstin kaum hatte sie die Verziehrungen um das Gedicht mit freundlichster Heiderkeit übersehen, auch wohl einen Blik auf das Gedicht geworffen - und so wie ich im Begrief war es vorzutragen, nahm sie es mir aus den Händen, und verschloß es in ihr Buraux, bliebe dabey Heider, und konnte sich nicht satt am portraits sehen, [...] nach demselben sagte sie mir das Gedicht wäre so schön, aber so schön, daß sie desselben nicht würdig wäre - [...] Das Gedicht ist Eingeschlossen und wird es bleiben [...] wie anders würde sich manche andere Damme mit einem so Unendlich-Sublimen Gedicht von Ihnen benehmen, sie hält es verschlossen, ja selbst für ihre Schwester welche sie doch so innig Liebt, aber in ihrer Seele wird es ein Ewiger Spiegel sein, deßen immer würdiger zu werden."; Bury an Goethe am 1.10.1808 Briefe an Goethe (wie Anm. 4, Bd. 5, Nr. 985) Direkte Briefe zwischen Auguste und Goethe sind nicht überliefert. Bekannt jedoch ist, daß Auguste 1816 Goethe eine Zeichnung schenkte: „Daniel in der Löwengrube" von Marten van Heemskerck.

23 „Gegenwärdig bin ich an einer der Schönsten Arbeit beschäftigt welche mir jemals vorgekommen nemlich, die beyten Königlichen Schwestern, die Prinzeß von Oranien, und unsere Unvergleichliche Churprinzeß, zusammen auf einem Gemählde ganzer Figuren in Lebens größe [...]"; Brief Burys an seinen Bruder Isaak in Hanau aus Berlin vom 17.12.1808 (Original in Familienbesitz); vgl. dazu Karl Siebert: Die Beziehungen des Malers Friedrich Bury zu Goethe und zum hessischen Hof. In: Hessenland, 1920, S. 162.

24 „Das Gemählde der beyten Prinzessinnen in Lebensgröße ist nun fertig, es ist eines der liebsten Arbeiten welche mir in meinem Leben Vorgekommen sind; denjenigen welchen ich es gezeicht habe sind darmit Zufrieden, und plagen mich meine Arbeiten Öffentlich auszustellen, ich hab aber ungern mit dieser Kunstloßen Sand-boten Welt etwas zu thun"; Brief Burys an Goethe vom 6.4.1810 aus Berlin Briefe an Goethe (wie Anm. 4), Bd. 5, Nr. 1434; vgl. auch Börsch-Supan (wie Anm. 1), Bd. 1, 1810, Nr. 62.

25 Auguste trägt zwei schlichte Ketten unterschiedlicher Stärke und Länge, Wilhelmine an einer zweifachen Kette eine wohl zum Anhänger umgearbeitete Medaille mit dem Profil des Moritz Graf von Nassau-Dillenburg (1567-1625), einem Vorfahren ihres Mannes Wilhelm I. von Oranien-Nassau.

26 Zweifellos ließ sich Bury hier von Heiligendarstellungen inspirieren, wie er sie von Altarretabeln kannte. Eindeutig ist auch der Einfluß von Sacra-Conversazione-Darstellungen der italienischen Renaissance.

27 Ludwig Emil Grimm, der wie seine Brüder gelegentlich im Hause Augustes verkehrte, war voll des Lobes für die Kurprinzessin: „Unsere Kurprinzeß belebt hir die Kunst noch, und ist sehr fleißig hat dabei auserordentlich viel Gefühl und ist eine herrliche Frau [...]"; zit. nach Ludwig Emil Grimm: Briefe. Hrsg. u. komm. von Egbert Koolman, Marburg 1985, Textband, S. 5 (Brief an Ludwig Achim von Arnim, datiert nach 15.4.1815).

28 Der schräge obere Teil des Stockes läßt vermuten, daß es sich möglicherweise um ein Gewehr

handelt, welches der Bauer unter seiner Jacke verbirgt.

29 Vgl. dazu die Schatten, die die Figuren auf seinem Gemälde mit der „Ansicht von Schloß Wilhelmshöhe mit dem Habichtswald", entstanden um 1800 (Anhang Nr. 72; Abb. 90) zeigen.

30 Auch Ludwig Emil Grimm fand größtes Lob für Augustes Porträt von Bury, dessen Malerei er ansonsten offenbar nicht sonderlich schätzte: „Der Maler Bury, der Lehrer der Kurfürstin und der Königin von Holland war, hielt sich nun auch hier auf und wohnte am GardeduCorps-Platz, nicht weit von uns. Henschel und ich waren oft die Abende bei ihm. Er war ein geistreicher Mann, der in früheren Jahren sich lang in Rom aufgehalten hatte, das Beste von Kunst kannte und meist ein vortreffliches Urteil aussprach, dabei war er äußerst munter und lustig. Der Hanauer Juwelier ist sein Bruder. Sein eigenen Arbeiten haben mir weniger gefallen, seine Kompositionen gar nicht. Das beste, was er gemalt hat, war das Bildnis unserer Kurfürstin in rotem Samtkleid und sinnreich zusammengestellt [...]"; Ludwig Emil Grimm: Erinnerungen aus meinem Leben. Hrsg. von Wilhelm Praesent. Kassel 1950, S. 218-219.

31 Bury ermahnt den Freund und Kollegen zur Weiterarbeit und Fertigstellung: „[...] der Kronprinz der Niederlande hat seine Tante [Auguste; M.H.] vor acht Tagen hier besucht [...] er reist nach Petersburg, um seine zukünftige Frau abzuholen, mit welcher er auf Ostern in Berlin sein wird, die Königin, seine Mutter, wie er mir sagte, wird ihn allda abholen. Also geschwind, die Gruppe fertig gemacht, sei es, wo es wolle, hier oder in Kassel [...]"; Brief Burys an Werner Henschel vom 11.12.1815.
„Ich freue mich recht sehr, lieber Henschel [...],daß Sie immer recht fleißig an Ihrer Gruppe arbeiten, halten Sie sich nur auch, soviel Sie können, daran denn die Königin kommt gewiß einige Tage nach Ostern in Kassel an und wird sich ihrer schönen Arbeit erfreuen"; Brief Burys an Henschel vom 13.3.1816 aus Hanau; beide Briefe zit. nach Otto Gerland: Werner Henschel. Kassel 1898, S. 41, 52 u. 53.
Kurprinzessin Auguste bestätigt die Fertigstellung der Gruppe: „.Hentschel hat seine Gruppe die mütterliche Liebe vorstellend vollendet, sie ist sehr wohl gerathen. er macht jetzt Carolinens Büste [...]"; Brief an Johann Erdmann Hummel vom 6.6.1817 aus Kassel; zit. nach Hummel, Briefe (wie Anm. 32), S. 203.

32 Vgl. Fritz Hummel: Die kunstliebende Kurfürstin Auguste. In: Zeitschrift des Vereins für hessische Geschichte und Landeskunde 68, 1957, S. 195-207

33 Ebd., S. 199 (Brief vom 9.3.1815).

34 Ebd., S. 203 (Brief vom 18.4.1817).

35 Stiftung Pommern: Katalog der Gemälde. Kiel 1982, S. 111-112.

36 „Da wir keine Gallerie von verstorbenen Mahleren mehr besitzen, muß man eine neue von den besten lebenden Künstlern sich anschaffen, worunter die inländischen wenn diesselben so vortrefflich malen wie Sie u. Bury, den ersten Platz behaupten müssen [...]"; zit. nach Hummel, Kurfürstin Auguste (wie Anm. 32), S. 197 (Brief vom 1. 8.1814).

37 Laut Mitteilung von Herrn Jürgen Kraus befinden sich bis auf wenige Ausnahmen die meisten Briefe Burys an Hummel nach Abschriften von Georg Hummel als Manuskript in Besitz von Sigurd Hummel, Sindelfingen.

38 Vgl. Anm. 31.

39 Die Gipsfigur befindet sich heute in Schloß Fasanerie bei Fulda. Friedrich Bleibaum hatte sie in den 30er Jahren im Waldeckschen Kunsthandel ausfindig gemacht und 1972 dem Landgrafen Philipp geschenkt, der die Skulptur mit einem terrakotta-ähnlichen Anstrich versehen und im Vestibül aufstellen ließ. Freundlicher Hinweis von Dr. M. Siemer, Museum Schloß Fasanerie.

40 Hummel, Kurfürstin Auguste (wie Anm. 32), S. 203 u. 205.

41 Freundlicher Hinweis von Dr. Meinolf Siemer, Schloß Fasanerie.

42 Vgl. dazu Gerland, Werner Henschel (wie Anm. 31), S. 51; der Friedhof existiert nicht mehr, Nachforschungen nach den Bronzefiguren blieben erfolglos. Freundlicher Hinweis von Herrn Jürgen Kraus, Kaufbeuren. Auch über den Verbleib der Büste ist nichts bekannt.

43 Ludwig Hummel war Schüler und Pflegesohn von Johann Heinrich Wilhelm Tischbein, mit dem er 1799 aus Rom nach Kassel kam. Hier arbeitete er vornehmlich als Porträtmaler und war auch für den Hof tätig. Mit seinem Namensvetter Johann Erdmann Hummel hat Ludwig Hummel nichts zu tun.

44 Hummel, Kurfürstin Auguste (wie Anm. 32), S. 198 u. 201.

45 Bury an Hummel, Brief aus Wiesbaden vom 11.7.1821 (Original: Universitätsbibliothek Leipzig, Nachlaß Genelli); vgl. Hummel, Kurfürstin Auguste (wie Anm. 32), S. 205 und Anm. 49.

46 Dort heute vorhanden sind die Aquarelle: "Eros und Anteros strafen den ungetreuen Liebhaber", "Allegorie auf mein Leben" , „Jakob hebt den Stein vom Brunnen" und „Simson und Delila". Im Inventar von Schlößchen Schönfeld aus dem Jahre 1854 (vgl. dazu den Beitrag von Gerd Fenner in diesem Bande), aufgenommen nach dem Tode der Prinzessin Caroline, sind dagegen neben dem Aquarell „Simson und Delila" drei Arbeiten mit anderslautenden Titel angeführt: „Engel, Abraham suchend", „Moses und die Hirten" und „Rebekka und Elisar", die sich laut Angaben von Dr. Meinolf Siemer noch um 1890 in Schönfeld befanden und möglicherweise erst nach der Verpachtung 1896 durch die Landgrafen von Hessen-Philippsthal-Barchfeld verkauft wurden. Nach Hans Ebert und dessen Biographie über Genelli erwarb Auguste 1829 das um 1826 entstandene Aquarell „Simson und Delila", danach das Aquarell „Abraham mit den drei Engel", das Genelli bereits 1830/31 für Auguste ausgeführt hatte; im November 1834 kamen die beiden Aquarelle „Jakob hebt den Stein vom Brunnen" und „Elisar und Rebekka" hinzu; vgl. Hans Ebert: Bonaventura Genelli. Leben und Werk. Weimar 1971, S. 62, Abb. 52, S. 71, Abb. 60 u. 61, und S. 122. Demnach sind nur zwei Arbeiten des ursprünglichen Bestandes erhalten. Zu den beiden anderen, heute in Schloß Fasanerie befindlichen Aquarellen vgl. Hans Ebert S. 53, Abb. 43 und S. 152, Abb. 136.

47 Vgl. dazu den Beitrag von Gerd Fenner in diesem Band.

75. Diese Zeichnung Ludwig Emil Grimms entstand unmittelbar nach Burys Porträt der Kurfürstin Auguste (Abb. 68) und diente als Vorlage für Grimms Radierung (Abb. 38), die nach 1825 entstand (Anhang Nr. 25).

Gerd Fenner

Augustenruhe
Zur Geschichte von Schloß und Park Schönfeld

Am 1. Mai 1821 überließ Kurfürst Wilhelm II. seiner Gemahlin zu deren Geburtstag „die Gebäude und Garten-Anlagen zu Schönfeld, unter der Benennung: Augustenruhe, zum völligen Eigenthum", wo sie „freye Macht und Gewalt haben solle, über die gedachten Gebäude und Gartenanlagen, in welchen nur der darin befindliche Teich seine bisherige Bestimmung behält"[1].

Damit erhielt die Kurfürstin in Kassel einen zweiten Wohnsitz neben dem ihr eingeräumten Teil des Bellevueschlosses. Mit dieser Schenkung verknüpfte sich für Wilhelm der sicherlich nicht ungern gesehene Aspekt räumlicher Distanz mit der Erwartung, im Gegenzug einer Beendigung des Konfliktes um die Gräfin Reichenbach näherzukommen. Bekanntlich erfüllten sich diese Hoffnungen nur in begrenztem Umfang, da der grundsätzliche Gegensatz zwischen der preußischen Königstochter und der emporgestiegenen Geliebten des Kurfürsten nicht beizulegen war und immer wieder zu bitteren Auseinandersetzungen in der hessischen Fürstenfamilie führte[2].

Gerade die neue Besitzung der Kurfürstin, das Schlößchen Schönfeld bzw. nun „Augustenruhe", sollte dabei als Sammelpunkt der Gegner der Gräfin Reichenbach eine besondere Rolle spielen.

Das Landhaus Schönfeld

Schönfeld hatte zum Zeitpunkt der Übernahme durch Auguste in seiner knapp 45jährigen Geschichte schon eine von Auf und Ab sowie mehrfachem Besitzerwechsel geprägte lebhafte Vergangenheit hinter sich[3].

Erbaut wurde es 1777 von Nikolaus Heinrich von Schönfeld (1733-95), Oberst der vornehmen Elitetruppe der hessischen Garde du Corps. Schönfeld, der bis 1761 preußischer Offizier gewesen war, gehörte zum engeren Kreis um Landgraf Friedrich II.; seine Frau Marie Eleonore Dorothea, eine geborene und verwitwete von Wintzingerode, stand als Oberhofmeisterin der Landgräfin Philippine nahe.

Dieses in der höfischen Gesellschaft Kassels arrivierte Paar errichtete sich weit vor der

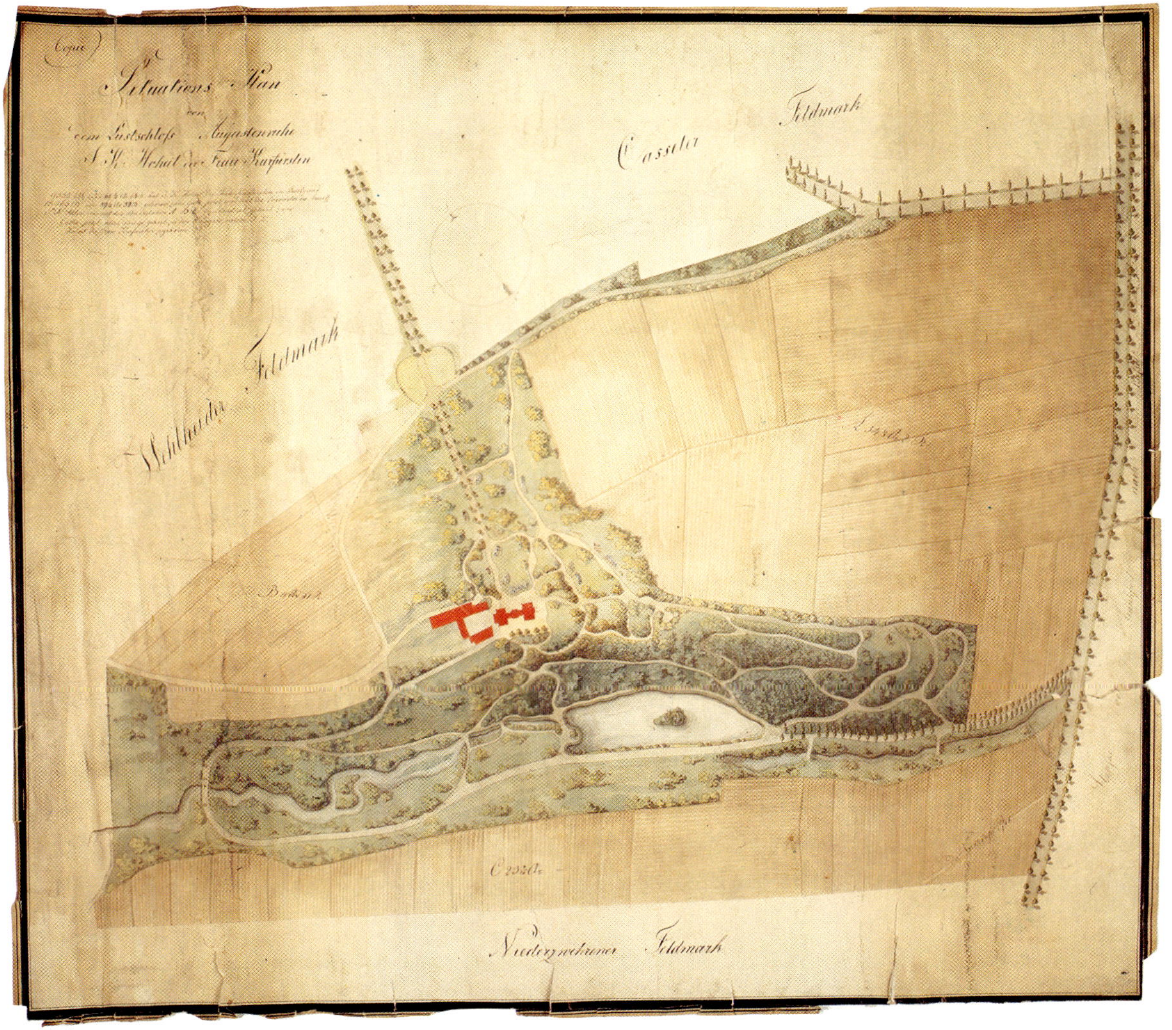

76. Lageplan des Besitzes Augustenruhe im Zustand um 1825. Links neben dem Schlößchen die Wirtschaftsgebäude. Der unterschiedlich dichte Bewuchs mit Bäumen und Büschen, die Blumenbeete, das Wegesystem und die Teiche des Landschaftsparkes sind detailliert dargestellt (Anhang Nr. 83).

Stadt in ländlicher Abgeschiedenheit ein eher bescheidenes Landhaus mit Garten. Als Standort wurde die kleine Anhöhe des Lengberges über der Senke des der Fulda zufließenden Lengborns (auch Leimbach, später Donnerborn) gewählt, wo die Gemarkungen Kassels, Wehlheidens und Niederzwehrens zusammentrafen. Das Gelände, auch als „Hasenbusch" bezeichnet, war unbebaut; von den im Mittelalter hier stehenden Gebäuden der Marienkapelle und des sogenannten Ferenspitals, eines Siechenhauses, existierten keine Spuren mehr (die Feerenstraße erinnert an das Spital). Durch den Erwerb des Grundstückes, den der Landgraf finanziell unterstützte, und die folgende Bebauung erhielt der Bereich seinen bis heute bestehenden Namen nach dem neuen Besitzer Schönfeld.

Das Landhaus bekam seinen Platz auf der höchsten Stelle der Anhöhe nahe der Hangkante. Der einfache zweigeschossige Fachwerkbau wurde verputzt und erhielt ein Walmdach mit zwei Zwerchhäusern (Dacherkern). Die Gliederung der Fassade erfolgte allein durch die Anordnung der gerahmten Fenster, die an den Längsseiten die Mittelachsen leicht akzentuierten[4]. Wie das Äußere, so hat sich auch das Innere mit seiner Grundrißdisposition in wesentlichen Teilen bis heute erhalten. In beiden Stockwerken flankieren zwei Kabinette jeweils einen (nicht großen) Mittelsaal; weitere Nebenzimmer, ein kleines Vestibül im Erdgeschoß, Dienerkammern unterm Dach und ein Treppenhaus vervollständigten das Raumprogramm. Gegenüber dem Wohnhaus entstand in westlicher Richtung in einer Entfernung von etwa 14 Metern (50 Fuß) ein zweites Gebäude von gleicher Größe und Bauweise, aber abweichender Gestaltung. Insbesondere besaß dieser Bau keine Dachausbauten, sondern nur einen Dreiecksgiebel über dem an der Westseite vortretenden Risalit. Aufgrund der Nutzung des Erdgeschosses als Pferdestall und Küche waren hier die Räume etwas höher und dementsprechend im Obergeschoß, das als Gärtnerwohnung diente, niedriger, was außen an unterschiedlichen Fenstergrößen erkennbar war[5]. Der westliche Bau war durch diese kleinen Unterschiede, die heute nicht so wesentlich erscheinen mögen, dem Betrachter des 18. Jahrhunderts aber deutlich Rangunterschiede signalisierten, dem Hauptgebäude untergeordnet. Die weiteren von Schönfeld errichteten Nebenbauten, eine Scheune und eine Wagenremise, schlossen sich im Westen an und bildeten mit dem genannten zweiten Haus einen vom Landsitz abgetrennten Hofbereich.

Das Gelände erhielt durch Baum- und Heckenpflanzungen und besonders die Terrassierung eines Teiles des Südhanges für Obstbäume eine erste gärtnerische bzw. parkförmige Ausgestaltung. Durch Aufstauung des Baches wurden zwei kleine Teiche

77. Jean Jacques Isaac Raffin: Blick auf Augustenruhe von Osten, mit Blick auf Wilhelmshöhe, 1821. Die beiden Wohnbauten hatten bis zum Umbau von 1823 einen Verputz in Form einer Bandquaderung (Anhang Nr. 85).

8. Jean Jacques Isaac Raffin: Blick auf Augustenuhe von Süden, 1821. Die Darstellung gibt einen Jberblick über den noch niedrigen Bewuchs des Parkes nd die Gebäude im Zustand vor dem Umbau. Zwischen den beiden Wohnbauten steht noch die von Clenze errichtete einfache Verbindungsgalerie. An das Küchen- und Gärtnerhaus war ein Treibhaus angeaut (Anhang Nr. 86).

zur Fischzucht gewonnen. Schönfelds Maßnahmen schufen die Grundbestandteile der Anlage, die später zwar erweitert und ergänzt, aber nicht mehr völlig verändert wurden und noch heute den Charakter des Parkes bestimmen.

Der Bauherr hatte sich freilich durch die umfangreichen Bauten mit 5.000 Talern bei der Kriegskasse verschulden müssen und mußte schließlich Schönfeldsberg dem Landgrafen (nun Wilhelm IX.) als Ausgleich anbieten. Aber erst als Schönfeld 1790 Hessen verließ, wurde der Besitz dem landgräflichen Vorwerk Weißenstein zugeordnet.

Da landwirtschaftlich von nur geringem Nutzen, suchte man für das Anwesen nach einem Pächter, der aber erst 1793 in der Person des holländischen Tabakfabrikanten Andries Hendrik Thorbecke gefunden wurde[6]. Dieser hatte 1789 die erste Tabakfabrik in Kassel gegründet und hoffte, die Produktion nach Schönfeld verlegen zu können. Da ihm jedoch nur das Tabakmahlen gestattet wurde, für die eigens zu diesem Zweck errichtete Windmühle aber zu wenig Wind wehte, und außerdem die Wehlheider Bauern den Standort handfest für sich reklamierten, kam es Thorbecke gelegen, Schönfeld 1798 an einen Landsmann, den ehemaligen holländischen Major Adrian van der Hoop, weiterzugeben. Dieser aus vermögender Familie stammende Offizier hatte Holland nach der Eroberung durch die Franzosen verlassen und sich in Kassel angesiedelt. Er gestaltete vor allem die Gartenanlagen Schönfelds zum Landschaftspark um, ließ Treibhäuser erbauen und die Wirtschaftsgebäude vergrößern. Für jedes seiner drei in Schönfeld geborenen Kinder pflanzte er beim Wohnhaus ein Kastanienbäumchen[7].

Ein dritter holländischer Besitzer folgte nach van der Hoops Tod 1803. Der Baron Theodor van Smeth, auch er ein vermögender emigrierter Offizier, investierte in größerem Umfang in den Umbau der Nebengebäude und die Ergrabung eines Brunnens. Bereits nach zwei Jahren ging er jedoch nach Holland zurück und veräußerte den Besitz an den seit 1805 in Kassel ansässigen Frankfurter Bankier Karl Jordis. Durch dessen Frau Ludovica („Lulu") Brentano wurde Schönfeld - wie auch die Stadtwohnung - zum Treffpunkt literarisch und künstlerisch interessierter Kreise. Kulturgeschichtliche Bedeutung erhielt das Zusammentreffen der jüngeren deutschen Romantiker Achim von Arnim, Clemens und Bettina Brentano und der Brüder Grimm[8]. Im Hause Jordis-Brentano und in Schönfeld fanden die Überlegungen zur Fortsetzung von „Des Knaben Wunderhorn" und der „Zeitung für Einsiedler" („Trösteinsamkeit") statt und wurde Arnims Schattenspiel „Das Loch in der Wand" erstmals aufgeführt.

79. Ludwig Emil Grimms Ansicht von Schloß und Park Schönfeld stammt aus seinem Skizzenbuch und entstand 1822 (Anhang Nr. 96).

Jordis-Brentano ließ kostenintensiv die Teiche vergrößern, aber auch auf nicht ganz seriöse Weise die Grundstücksgrenzen nach Süden ausdehnen, was zu Auseinandersetzungen mit der Gemeinde Niederzwehren führte.

Dieser Konflikt wurde erst Jahre später durch den neuen prominenten Besitzer, König Jérôme, beigelegt. Der König beabsichtigte, das 1809 für 100.000 Francs erworbene Schönfeld zu einem größeren königlichen Gut zu arrondieren und baulich aufzuwerten. Obwohl, wie bei so vielen Projekten der westfälischen Zeit, nur Teile verwirklicht werden konnten, haben doch die Bemühungen Jérômes deutliche Spuren hinterlassen. Das Gelände, das bis dahin rund 30 Acker (7,2 Hektar) umfaßt hatte, wurde auf etwa 275 Acker (65,5 Hektar) erweitert. Die Erreichbarkeit verbesserten zwei neue Alleen, eine von der das Dorf Wehlheiden mit der Frankfurter Straße verbindenden „Pappelallee" abzweigend und gerade auf die Häuser Schönfelds zulaufend (die heutige Feerenstraße), die andere von der Frankfurter Straße direkt in den Park führend[9]. Letzterer Zugang erhielt zwei Wachhäuser, während ein vom königlichen Architekten Klenze entworfenes repräsentatives Tor zum nördlichen Hauptzugang nicht zur Ausführung kam. Auch die großzügigen Planungen zum „Jardin Royal", einem ausgedehnten englischen Park, konnten nur reduziert verwirklicht werden. Mit der erneuten Vergrößerung der Teiche, dem Bau einer Kaskade zwischen den Teichen, der Gestaltung der Gartenbereiche und der Vergrößerung des Wegenetzes dürfte der Park die Form bekommen haben, die noch zum Zeitpunkt der Schenkung an Auguste kaum verändert, nur vernachlässigt, bestand und auch in den folgenden Jahrzehnten im wesentlichen beibehalten wurde.

Zur Ausstattung des Parks hatte auch der junge Kasseler Bildhauer Werner Henschel mit dem auf der Teichinsel aufgestellten Denkmal für den 1810 verstorbenen General und Vertrauten Jérômes, Du Coudras, beigetragen. Das bereits beschädigte Werk verschwand 1815 nach „ausfälligen" Äußerungen des Kurprinzen von seinem Standort[10]. Zur Verbesserung der Raumsituation des Landhauses war die Erbauung eines Ballsaales vorgesehen worden. Von den Planungen Klenzes blieb am Ende nur eine offene Verbindungsgalerie übrig, die den neugeschaffenen Speisesaal im Obergeschoß des Nebengebäudes bequemer erreichbar machte. Trotz der unvollkommen gebliebenen Vorhaben verdankte Schönfeld Jérôme doch die nunmehrige Qualifizierung als herrschaftliches Schloß mit angemessener Gartenanlage. Damit war überhaupt erst die Voraussetzung geschaffen worden, es später als fürstlichen Wohnsitz verwenden zu können.

Nach der Wiederherstellung des Kurfürstentums kam für Schönfeld eine Zeit der Stagna-

80. R. Schotten: Croquis von Wehlheiden, um 1830. Diese im Rahmen militärischer Ausbildung angefertigte Geländeskizze verdeutlicht die in dieser Zeit noch völlig abgelegene Situation Augustenruhes (Anhang Nr. 84).

tion. Kurfürst Wilhelm I. übernahm den Besitz und trennte den größten Teil der von Jérôme erworbenen Ländereien für ein von Wehlheiden aus bewirtschaftetes Kabinettsgut ab[11]. Der seinerzeit vom Baron van Smeth eingestellte Gärtner Eberhard Bastard wurde im Dienst bestätigt, konnte jedoch mit der von 14 auf 4 verringerten Zahl von Tagelöhnern nur noch die notwendigsten Pflegearbeiten leisten. Die Wachhäuser am östlichen Parkeingang wurden 1814 meistbietend versteigert; eines davon fand als Gartenhaus der Brüder Pfeiffer an der Wilhelmshöher Allee eine neue Nutzung[12].

Trotz der Vernachlässigung der Anlagen erfreute sich der Park bei der Kasseler Bevölkerung großer Beliebtheit und wurde gern besucht, so daß zum Schutz der Wege bereits 1814 ein Reit- und Fahrverbot erfolgte und im Jahr darauf durch das Aufstellen von Schlagbäumen noch bekräftigt wurde.

Der Umbau des Schlößchens

Für Auguste stellte sich nach der Übernahme Schönfelds die Aufgabe, die Baulichkeiten in einer Form herrichten zu lassen, die der Würde eines fürstlichen Sommersitzes in gewissem Umfang angemessen war und gleichzeitig den Raumbedürfnissen ihres kleinen Hofstaates für längere Aufenthalte genügte. Diesen beiden Anforderungen konnte das Landhaus in der vorgefundenen Gestalt und Größe nicht entsprechen.

So zeichnete sich bald die Notwendigkeit eines Umbaues ab, der aber erst zwei Jahre nach der Schenkung in Gang kam. Daran waren sicherlich die andauernden Familienzwistigkeiten nicht unschuldig, die dann mit dem Vertrag vom 28. September 1822 wenigstens halbwegs beigelegt werden konnten. Drei Monate später, zu Weihnachten 1822, überließ der Kurfürst seiner Gemahlin 10.000 Taler zur Verwendung für Baumaßnahmen in Augustenruhe[13]. Gleich am nächsten Tag wies er den Oberhofbaumeister Johann Conrad Bromeis (1788-1855) an, das Schlößchen aus der Reihe der von der Hofbaudirektion zu betreuenden herrschaftlichen Bauten zu streichen[14].

Noch deutlicher wurde Wilhelm in einem Schreiben an den Finanzrat Deines, in dem er klarstellte, „daß der Bau demnach lediglich auf Kosten der Kurfürstin geführt werde und daß weder etwas dabey auf meine Rechnung gehe noch weniger die Verwendung von keinerley Herrschaftlichen Vorräthen hierzu erlaubt würden".[15]

Der Grund für den gereizten Ton und die unfreundlichen Bestimmungen ist wohl in dem anzunehmenden Beharren der Kurfür-

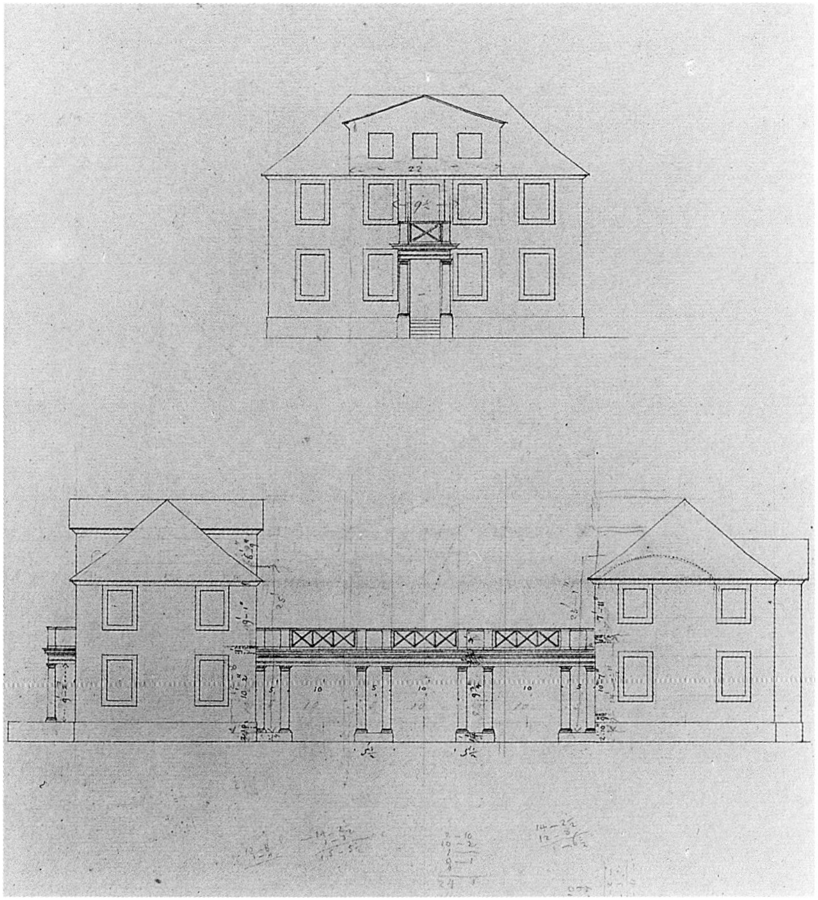

81. Heinrich Christoph Jussow: Schloß Schönfeld (Augustenruhe) vor dem Umbau, um 1823. Außer den Einzelheiten der Verbindungsgalerie Klenzes und den unterschiedlichen Dachausbauten zeigt die Zeichnung mit der Punktierung die Form der Deckenwölbung über dem von Jérôme eingerichteten Speisesaal im Westflügel (Anhang Nr. 87).

stin auf Handlungsfreiheit bei den Baumaßnahmen an ihrem Schloß zu suchen. Streng genommen gehörte Augustenruhe weiterhin in das Aufgabengebiet der Hofbaudirektion, von der es zunächst auch noch nach der Schenkung betreut worden war - so wurde im September 1821 von Hofbaumeister Bromeis ein umfassender Plan zur Herstellung des Baues erwartet, und im August 1822 legte derselbe eine Abrechnung über im Vorjahr erfolgten Reparaturen vor[16]. Mit dem Geldgeschenk sah der Kurfürst diese Zuständigkeit als beendet an.

Verschärfend trat hinzu, daß Auguste den eigentlich nur noch mit dem Staatsbauwesen betrauten Architekten Heinrich Cristoph Jussow (1754-1825) zur Ausführung ihres Bauvorhabens wünschte. Zweifellos hatte der Kurfürst den von ihm so geschätzten Bromeis favorisiert; für die Kurfürstin dürfte dieser aber schon allein wegen seiner Tätigkeit für die Gräfin Reichenbach, deren Palais in der Oberen Königsstraße Bromeis gerade umgebaut hatte (1821/22), indiskutabel gewesen sein.

Schließlich genehmigte Wilhelm die Tätigkeit Jussows im April 1823. Aus dem dann von Jussow verfaßten Zustandsbericht des Schlößchens geht hervor, daß unter den festgestellten Bauschäden besonders der schlechte Zustand der von Klenze erbauten Verbindungsgalerie wie auch des Balkons am Hauptgebäude deren grundlegende Reparatur oder besser deren Neubau notwendig machten.

Außerdem bemängelte er grundsätzlich, daß der Verbindungsgang „in der Bel Etage unbedeckt ist und daher in dieser Etage die Communication zwischen den beiden Pavillons bei einfallendem Regenwetter beinahe ganz unterbricht"[17].

Jussow schlug deshalb vor, es nicht bei einer Wiederherstellung des alten Zustandes zu belassen, sondern einen neuen Zwischenbau zu errichten, „wodurch die beiden Pavillons eine bessere Verbindung und das ganze Gebäude eine grössere Bequemlichkeit und mehr Raum erhalten könnte"[18]. Ein Entwurf des Architekten zeigt dessen Vorstellung von einem solchen Neubau[19] (Anhang Nr. 88; Abb. 82): der erhöhte Mittelteil eines dreiachsigen und zweigeschossigen Baues sollte durch ein großes Rundbogenfenster und eine flache Kuppel betont werden. Für die Fassade war eine Gliederung mit Gesimsen und Pilastern vorgesehen, die stark mit der Einfachheit der beiden Altbauten kontrastierte. Einen späteren (nicht mehr erhaltenen) Vorschlag legte Jussow einem Schreiben an die Kurfürstin nach Berlin am 1. Juni 1823 bei und bemerkte dazu: „Ich habe deshalb den Entwurf derselben auf 2 Stockwerkshöhen gemacht und in der Mitte einen kleinen 8eckigen Sallon ange-

82. Heinrich Christoph Jussow: Entwurf für den neuen Verbindungsbau. Der große und repräsentativ gestaltete Baukörper mit Kuppel kontrastierte stark mit den einfachen Flügelbauten (Anhang Nr. 88).

83. Skizze der Kurfürstin Auguste zum Mittelbau von Augustenruhe, 1823. Auguste befürwortete eine wesentlich einfachere Lösung als der Baumeister Jussow (Anhang Nr. 89).

bracht, der nicht nur eine schöne Aussicht nach 2 Seiten hin, sondern auch Platz an den Seitenwänden zu Blumen-Stellagen darbietet. Dergleichen können in der Gallerie selbst zur Auszierung ebenfalls angebracht werden. Ich stelle die Entscheidung über diese entworfene Anlage Ihro Königl. Hoheit allerunterthänigst anheim"[20]. Auguste äußerte sich alsbald, am 23. Juni, dazu: „Die Zeichnung zu dem Mittelgebäude mit achteckigem Saal gefällt mir an und für sich auch, nur finde ich es etwas zu elegant im Vergleich mit den Pavillons, die es verbinden soll. Es könnte ganz so bleiben, wie Sie es gezeichnet haben bis auf die Säulen, weil sie nicht mehr nothwendig sind. Auch mögte ich lieber das mittelste Dach spitz zulaufend. Ich habe einen flüchtigen Entwurf mit den Veränderungen, die ich wünschte, beigelegt. Es soll mir lieb sein, mein lieber Herr Ober-Baudirektor, wenn recht bald der Anfang mit dem Mittelgebäude gemacht wird – wegen der Unkosten haben Sie sich an meinen Hofcassierer Heß zu wenden. Ich danke Ihnen wiederholt, daß Sie sich mit einem so unbedeutenden Bau beschäftigen wollen"[21].

Der erwähnte „flüchtige Entwurf" (Anhang Nr. 82; Abb. 89) verzichtete bis auf schmale Gesimse und Fensterrahmungen auf die „Eleganz" weiterer architektonischer Gestaltungsmittel und bildete so die Grundlage für Jussows (nicht datierten) Ausführungsentwurf (Anhang Nr. 90; Abb. 84).

Wie schon die älteren Häuser wurde auch der Zwischenbau in verputztem Fachwerk errichtet. Charakteristisches Gestaltungselement war das große Rundbogenfenster im Obergeschoß des achteckigen Mittelpavillons. Zu ebener Erde öffnete sich eine Durchfahrt für die Kutschen, wodurch ermöglicht wurde, trockenen Fußes in das Gebäude zu gelangen[22].

Es kann kaum einem Zweifel unterliegen, daß die den Architekten mäßigende Einwirkung der Kurfürstin von Vorteil für den Mittelbau wie für den gesamten Baukörper war. Das Schlößchen behielt dadurch den es auszeichnenden einfachen und leichten Gesamteindruck, den Jussows aufwendig gestalteter Neubau zerstört hätte, da die beiden alten Häuser nur noch wie untergeordnete und unpassende Annexbauten gewirkt hätten. Es hatte sich gezeigt, daß Auguste hier viel einfühlsamer mit den architektonischen und lokalen Gegebenheiten umgegangen war als der alte Architekt[23]. Der große Umbau, der das Erscheinungsbild des Schlößchens bis heute bestimmt, könnte folglich mit einer gewissen Berechtigung als Gemeinschaftswerk Jussows und Augustes bezeichnet werden. Keinesfalls ist er aber Bromeis zuzuschreiben, wie es bislang in der Regel geschieht[24].

Außer der Errichtung des Verbindungsflügels wurden besonders am westlichen Bau Reparaturen und Änderungen durchgeführt,

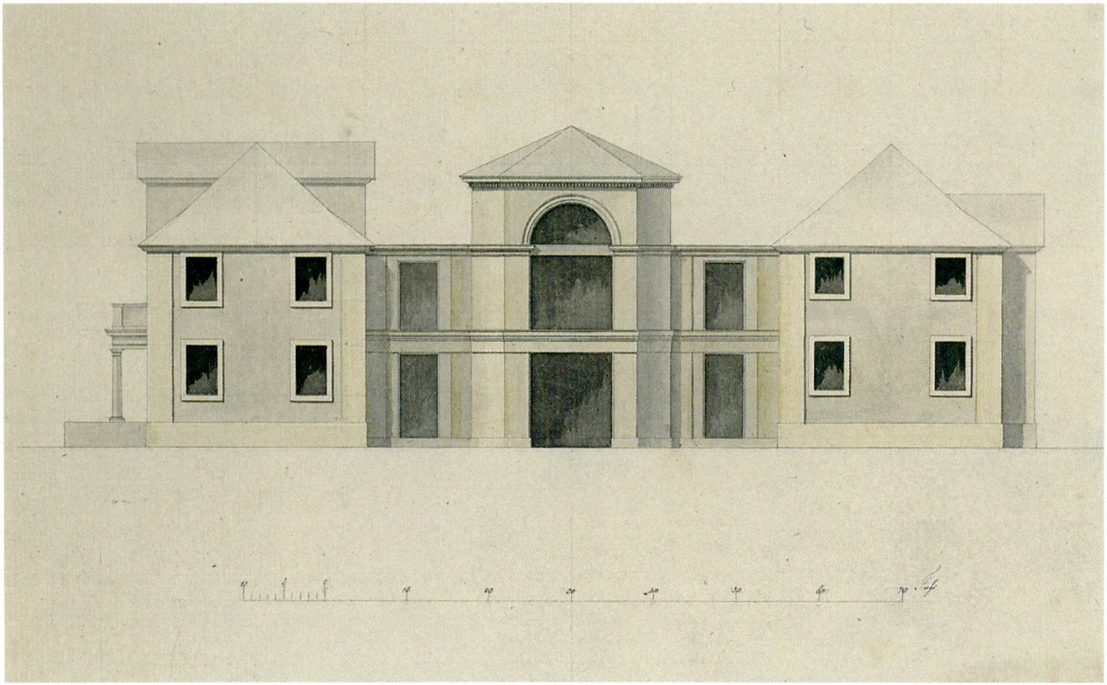

84. Heinrich Christoph Jussow: Entwurf für den Umbau, 1823. Gegenüber dem ersten Vorschlag entstand durch die Einflußnahme der Kurfürstin eine zurückhaltendere Lösung, die wesentlich besser mit den älteren Bauten harmonierte. Dem Westflügel wurde bei der Ausführung aus Symmetriegründen noch ein Zwerchhaus zugefügt (Anhang Nr. 90).

85. Heinrich Christoph Jussow: Entwurf für den Umbau (Erd- und Obergeschoß), 1823. Der vorgesehene Mitteltrakt ist in einer anderen Farbe dargestellt als die vorhandenen Altbauten. Der östliche Flügel (rechts) enthielt die Wohnräume der Kurfürstin. Im Obergeschoß ist der wahrscheinlich aus der Zeit Jérômes stammende Alkoven des Schlafzimmers vermerkt, der sich bis heute erhalten hat (Anhang Nr. 91).

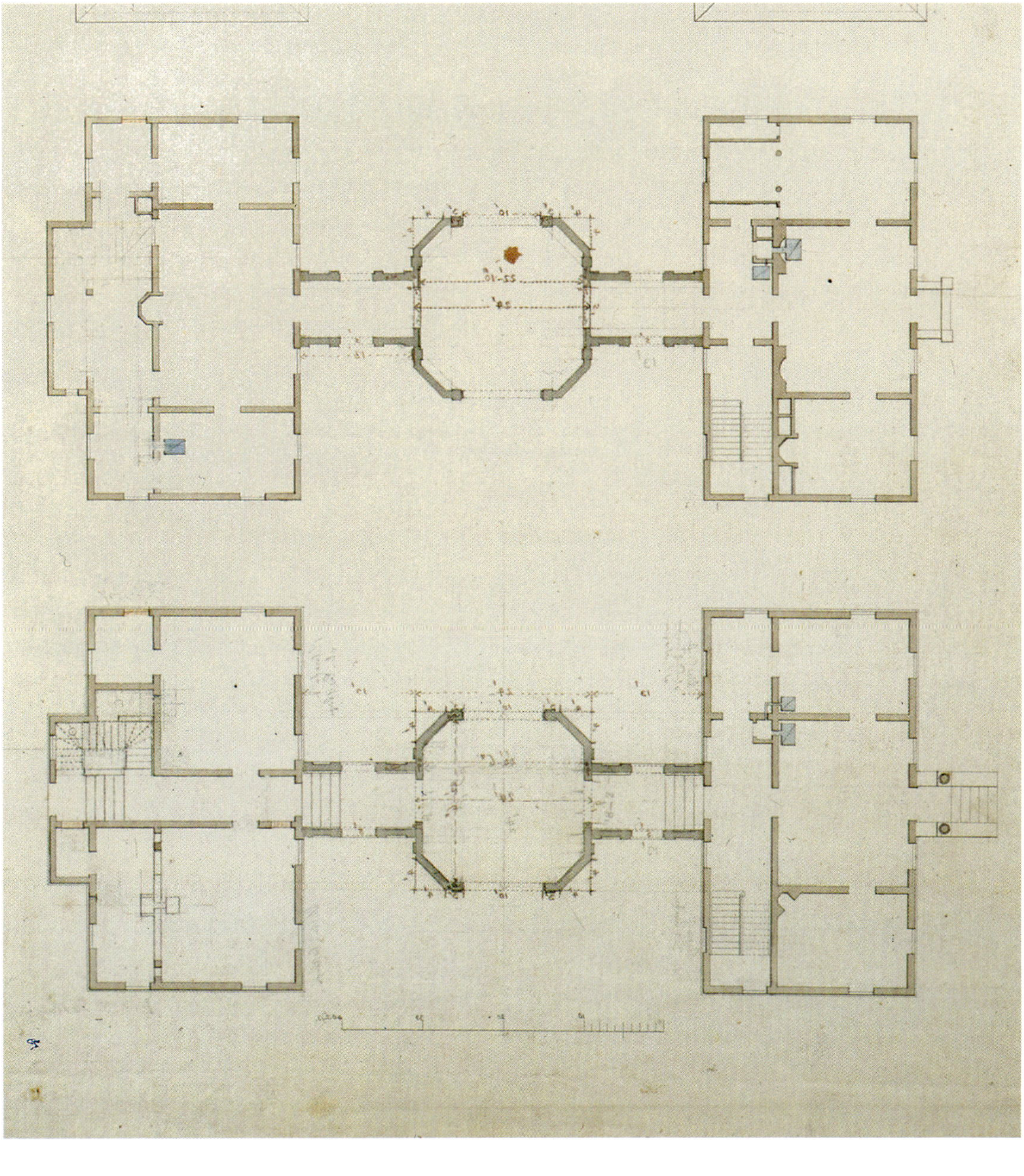

wobei Jussow sehr am Neubau der Treppe gelegen hatte, da die bisherige „keineswegs einem Fürstlichen Landhause angemessen ist"[25].

In die Baumaßnahmen wurden auch die Wirtschaftsgebäude einbezogen. Wie die Ansicht Raffins von 1821 (Anhang Nr. 85-86; Abb. 77-78), d.h. vor Beginn der Umbauten, zeigt, handelte es sich durchweg um die ortsüblichen Fachwerkbauten, die den gepflasterten Hof umstanden. Die Gebäude dienten als Hofküche und Gärtnerwohnung (beides im südlichen Bau direkt am Hang, mit angebautem Treibhaus), Wagenremise (eingeschossig), Scheune und Stall für Pferde, Kühe und Schweine. „Um diesen Gebäuden ein ländlich oekonomisches Ansehen zu geben"[26] wurde, dem Zeitgeschmack folgend, das Fachwerk mit Tünche und Farbe überdeckt. Eckquaderungen und Anstrich sollten den Eindruck von Massivbauten hervorrufen[27].

Über die Kosten wie auch den Zeitpunkt der endgültigen Fertigstellung aller Baumaßnahmen liegen keine verläßlichen Nachrichten vor. Ein von Jussow angefertigter undatierter Kostenvoranschlag stellt zwei Varianten gegenüber. Danach wäre die Bausumme bei Beschränkung auf Reparaturen auf 3.609 Taler gekommen, bei Ausführung des Zwischenbaues auf 9.100 Taler. Da außer am Schloß auch an den Wirtschaftsgebäuden gearbeitet worden ist, dürfte das Geldgeschenk des Kurfürsten nicht ausgereicht und den Rückgriff auf andere Geldmittel erfordert haben.

Wie Jussows Schreiben vom 1. Juni 1823 zu entnehmen ist, waren zu diesem Zeitpunkt bereits einige Maßnahmen abgeschlossen oder im Gang, während über die endgültige Ausführung des Mittelbaues noch zu entscheiden war. Da Auguste auf möglichst baldigen Baubeginn drängte, dürfte dieser noch 1823 erfolgt sein, so daß Augustenruhe spätestens zum Sommeraufenthalt 1824 in seiner neuen Gestalt zur Verfügung gestanden hat.

Der Wohnsitz der Kurfürstin

Über die Innenausstattung und damit auch die Nutzung von Schloß Augustenruhe nach dem Umbau geben mehrere Inventare Auskunft, die nach dem Tode der Prinzessin Caroline (28.11.1854), die den Besitz von ihrer Mutter geerbt hatte, angefertigt worden sind. Caroline hatte nur wenige Änderungen im Haus vorgenommen, so daß diese Inventare auch recht zuverlässige Informationen über den Zustand des Schlößchens zu Lebzeiten der Kurfürstin liefern[28].

Demnach diente das ursprüngliche Landhaus Schönfeld noch immer als Hauptgebäude, in dem sich die wichtigsten Räume befanden. Der Zugang erfolgte von Westen, von der

86. *Heinrich Christoph Jussow: Darstellung des Stalltraktes (oben) und des Küchen- und Gärtnerhauses. Die Fachwerkbauten des Wirtschaftshofes wurden, dem Zeitgeschmack entsprechend, 1823 verputzt und an den Ecken mit einer Scheinquaderung versehen (Anhang Nr. 93).*

erwähnten Durchfahrt, her. Drei Stufen führten in ein kleines Vestibül. Der mittlere Salon, dessen östliche Tür sich zum Garten öffnete, konnte für Zusammenkünfte mit Besuchern wie auch zu geselligem Beisammensein am hier vorhandenen aufklappbaren Spieltisch benutzt werden. Wie in den meisten anderen Räumen waren die Wände auch hier mit einer Lambrie versehen und tapeziert; es gab Parkettböden, und die Öfen standen vor marmorierten Nischen.

In einem der seitlich flankierenden Kabinette standen auf vier Postamenten die Büsten von Augustes Geschwistern Friedrich Wilhelm III. (1770-1840), Wilhelmine (1774-1837, Königin der Niederlande), Heinrich (1781-1846) und Wilhelm (1783-1851)[29]. „Ein Gestell von Bronze mit 3 gelben Gläsern zu wohlriechendem Wasser" ergänzte die aus einem „Ruhebett", vier Sesseln und einer bronzenen Uhr bestehende Möblierung.

Im Kabinett auf der anderen Seite des Salons wurden eine Anzahl Gipsfiguren auf Postamenten (keine näheren Angaben) und neun Gipsreliefs, von denen fünf Porträts der herzoglichen Familie von Anhalt-Dessau zeigten, aufbewahrt. In diesem Raum erhielt das von Werner Henschel geschaffene große „Modell in Gyps zu einem Monumente der höchstseligen Kurfürstin" nach deren Tod seinen Platz[30] (Anhang Nr. 31; Abb. 69).

Die der unteren entsprechende Raumflucht im Obergeschoß bildete den engeren Wohnbereich der Kurfürstin. Im nördlichen Kabinett standen u.a. ein Schreibtisch und ein Klavier, im „roten Salon" als Geschenk der Stadt Kassel ein runder Mahagonitisch „mit eingelegtem Holz", ein Schreibtisch mit Papierkorb und ein bestickter Ofenschirm, darauf „ein A mit einer Krone" (ein „gothisch A blau, mit Krone in Gold" fand sich auch auf 24 Desserttellern sowie auf einem Wasserglas im „roten Salon"). Das Südkabinett diente als Schlafzimmer, in dem „durch eine verzierte polirte Holzwand mit zwey polirten Säulen und zwey Stück durchbrochenen Brüstungsgeländer [...] ein Alkoven abgeschieden" war[31]. Auf einer Chiffonnière stand die Büste der Herzogin von Sachsen-Meiningen, der Tochter Marie, an den Wänden hingen drei Kupferstiche nach Raffael (Glaube, Liebe, Hoffnung), ein gerahmtes gußeisernes Relief des hl. Johannes, ein Porträt der Kurfürstin (Kreide) sowie Bildnisse einer Dame (wahrscheinlich eine Gräfin Stosch) und eines Herren[32].

In den Räumen der beiden Stockwerke hingen die meisten der in Augustenruhe befindlichen Bilder[33], darunter vier von Auguste selbst: „Eine mütterliche Liebe" und „Ein Tyroler Kind" (Kreide), „Porträt eines jungen Mädchens" und „Zwei Knaben". Im „roten Salon" gab es zwei Bilder von Berlin (Schloß, „Drei Engel über Berlin schwebend") und

zwei von Potsdam (Ansichten von Charlottenhof, auf Porzellan gemalt) und im Salon darunter eine große Ansicht von Potsdam, dem Geburtsort Augustes.

Die Sujets der Bilder waren überwiegend Landschaften und Genreszenen. Kassel war mit drei Darstellungen vertreten: Habichtswald mit Karlsberg, „Eine Landschaft, wahrscheinlich von Augustenruhe aus aufgenommen" und eine Stadtansicht von Louis Noël de Fréville (Abb. S. 73; Anhang Nr. 69)[34]. Zwei Gemälde zeigten Fritzlar und den Hanstein. Von dem Kasseler Carl Rohde besaß Auguste die „Hessischen Auswanderer vor Kassel" (Abb. S. 72; Anhang Nr. 109)[35], von Eduard Stiegel eine „Bäuerin, mit Garnhaspeln beschäftigt" und von Gerhardt von Reutern eine „Betende Bauernfamilie". Vom ihr persönlich verbundenen Johann Erdmann Hummel stammte („muthmaßlich") eine Landschaft mit Kruzifix, von dessen Schüler Pelissier (Hanau) ein „Italienisches Landmädchen" und ein Porträt der Gräfin Ingenheim. Im „gelben Saal" (Obergeschoß des Westflügels) hingen vier biblische Szenen (Aquarelle) des von Auguste geförderten Bonaventura Genelli: Engel, Abraham suchend; Moses und die Hirten; Simson und Delila (Abb. Nr. 71; Anhang Nr. 105); Rebekka und Elieser.

Die Bildersammlung in Augustenruhe zeigte in charakteristischem Querschnitt Augustes

87. Heinrich Christoph Jussow: Entwürfe für die Balkon- und Brüstungsgitter. Die blau und golden gefaßten Schmiedearbeiten waren die einzigen Schmuckelemente des Schlößchens. Ausgeführt wurde der Entwurf S. 130 oben links (Anhang Nr. 92).

Interessen und Vorlieben auf diesem Gebiet und spiegelte die Beziehungen zu verschiedenen Künstlern und Personen wider. Die große Zahl der Bilder im Ostflügel dürfte mit dazu beigetragen haben, diesem eine persönliche und angenehme Note zu geben, die von offizieller höfischer Repräsentation deutlich entfernt war.

Über der Wohnung der Kurfürstin befanden sich im Dachgeschoß die Zimmer der Kammerfrau und der Garderobenjungfer.

Der große Salon über der Durchfahrt war mit vier „Divans" samt Fußschemeln, einem runden Tisch, sechs Stühlen „von geflochtenem Weidenholze mit Rohrsitzen" und einem Kronleuchter recht sparsam möbliert. Ob und wie häufig er für größere Besuchskreise oder etwa Bälle Verwendung gefunden hat, bleibt offen. Außer als Durchgang dürfte er jedenfalls nicht so intensiv benutzt worden sein wie die Räumlichkeiten im Ostflügel - und anders als seine markante äußere architektonische Erscheinung erwarten ließ.

Vom Saal gelangte man durch einen kurzen Flur in den großen „gelben Saal", der unter Jérôme als Speisesaal eingerichtet und mit einer Flachtonne überwölbt worden war. Zu Augustes Zeit offenbar nicht mehr oder nur sporadisch genutzt, hatte er eine Art Vorraumfunktion für die seitlichen Zimmer mit

88. Ludwig Emil Grimm: Augustenruhe von Osten, 1825. Die skizzenhafte Darstellung zeigt Einzelheiten der Gartengestaltung und zahlreiche Topfpflanzen am Haus (Anhang Nr. 95).

jeweils zugeordneten Schlafkabinetten für die Hofdame bzw. Besucher. Im Westbau befanden sich weiterhin Zimmer für die Garderobenjungfer der Hofdame und für eine Hausmagd. Im Erdgeschoß waren ein Badezimmer mit kupferner Badewanne sowie eine Bügelstube eingerichtet.

Weitere für die Hofhaltung notwendige Räumlichkeiten waren in den angrenzenden Neben- bzw. Wirtschaftsgebäuden untergebracht. Die Küche befand sich im Erdgeschoß der Gärtnerwohnung (und damit recht weit von der eigentlichen Wohnung entfernt); Stuben für den Kammerdiener, den Koch, das Küchenmädchen sowie ein „Kavalier-Zimmer" und, etwas überraschend, die Silberkammer lagen über dem Pferdestall.

Das Anwesen unterschied sich in seiner Nutzung und seinen Dimensionen kaum von durchschnittlichen Adelsgütern der Region. Der Wohnbau hatte durch den Verbindungsflügel einen besonderen Akzent in zeitgemäßer, doch zurückhaltender Architektursprache erhalten und an Bequemlichkeit gewonnen. Ganz im Gegensatz zu den vom Kurfürsten bevorzugten höchst prunkvollen Bauten bzw. Innenausstattungen herrschte in Augustenruhe eine fast schon bürgerliche Einfachheit geschmackvoll-individueller Ausprägung. So zeigten auch die Wohnungen des kurfürstlichen Paares in aller Deutlichkeit deren unterschiedliche Selbsteinschätzung und Selbstdarstellungsabsichten. Die fast schon demonstrative Schlichtheit ihrer Umgebung erleichterte Auguste den Kontakt mit bürgerlichen Kreisen und ließ jene ungezwungene Atmosphäre entstehen, die von den Zeitgenossen immer wieder hervorgehoben wurde. Die Abkehr von standesgemäßer Repräsentation (für die ja in der Stadtwohnung im „Kurfürstlichen Palais" des Bellevueschlosses ein angemessener Rahmen vorhanden war) fand nicht nur in den trotz des neuen Zwischenbaues weiter bescheidenen Baulichkeiten Augustenruhes ihren Ausdruck, sondern auch in der Nutzung des zugehörigen Parks.

Der Park

Zur hohen Wertschätzung des Besitzes durch die Kurfürstin trugen insbesondere die zugehörigen Parkanlagen bei, die Auguste sehr intensiv nutzte[36].

Nach der Übernahme 1821 wurde der Garten offensichtlich weitgehend in der vorgefundenen Gestalt belassen. Es war ein Landschaftspark, mit dessen Anlage der Holländer van der Hoop 1798 begonnen hatte, und der von seinen Nachfolgern, besonders von König Jérôme, erweitert und ausgestaltet worden war. Da in den Jahren vor der Schenkung nur

89. Ludwig Emil Grimms Aquarell von Schloß Schönfeld (von Norden gesehen, 1827/30 entstanden) gehört wegen seiner Stimmungswerte zu den schönsten Darstellungen des Schlößchens. Die offenstehenden Tore der Durchfahrt ermöglichten den Durchblick nach Süden, wodurch der Eindruck eines gerahmten Landschaftsbildes entsteht (Anhang Nr. 94).

90. Johann Erdmann Hummels Gemälde mit der Darstellung von Park und Schloß Wilhelmshöhe mit Habichtswald und Herkules entstand 1799-1800. Vom Sommersitz Augustes war der ihres Gemahls und seiner Gefährtin, der Gräfin Reichenbach, gut zu sehen. Die Darstellung zeigt das Schloß vor der Erbauung der Zwischenflügel in den 20er Jahren des 19. Jhs., die der Gebäudegruppe ihre blockhafte Schwerfälligkeit verliehen (Anhang Nr. 72).

die notwendigsten Unterhaltungsmaßnahmen stattgefunden hatten, weil Kurfürst Wilhelm I. kein Interesse an Schönfeld zeigte, mußten zunächst einmal Schäden und die Spuren von Vernachlässigung beseitigt werden[37].

Zu größeren Umgestaltungen oder der Schaffung neuer Akzente in der Struktur des Parkes kam es zunächst, und dann auch später, nicht.

Der Park bestand (und besteht noch heute) im wesentlichen aus drei Bereichen: der von Norden zu den Gebäuden leicht ansteigenden Fläche, dem teilweise recht steilen Südhang und der sich darunter erstreckenden schmalen Bachaue.

Durch das Gelände nördlich des Landhauses führten mehrere unregelmäßige Wege zur Freifläche vor dem Haus und zu seitlich (östlich) davon gelegenen Partien. Eine gerade verlaufende Allee (in der Verlängerung der Feerenstraße; heute nicht mehr vorhanden), Relikt einer älteren Zeit, teilte sich in größerer Entfernung vom Haus in drei kleinere Wege auf. Rasenflächen mit darauf verteilten Bosketts, Baumgruppen und Einzelbäumen bestimmten den Charakter dieses Bereiches. An einigen Wegen und besonders auf einer größeren Rasenfläche in der Nähe des Schlößchens waren Blumenrabatten verteilt. Auch vor der Südseite des Hauses lag eine

91. Die von Johann Heinrich Martens nach Conrad Löwer gefertigte Lithographie zeigt Schloß Schönfeld (Augustenruhe) von Norden um 1840. Bei der Personengruppe im Vordergrund auf der großen Rasenfläche vor dem Schloß dürfte es sich um die Kurfürstin und ihre Tochter Caroline mit zwei Besuchern handeln (Anhang Nr. 99).

größere Freifläche, die sich bis zur Hangkante erstreckte, deren Verlauf fünf Bäume markierten[38]. Von dieser Fläche führten zwei sich bald wieder teilende Wege den Hang hinab; ein breiterer Fahrweg verlief am Gärtnerhaus mit dem vorgebauten Gewächshaus vorbei zur hölzernen Brücke über den Bach und weiter an den Teichen entlang zur Frankfurter Straße.

Der Hang hatte einige freiere, mit wenig Büschen und Bäumen bestandene Abschnitte, aber auch, besonders im Osten, einen dichten Baumbestand, durch den sich Wege schlängelten.

Von den beiden Teichen war der obere (westliche) in Teilen mehr ein verbreiteter Wasserlauf, der andere, in länglicher Form zwischen Hang und Fahrweg, größer und mit einer Insel versehen, die mit Gondeln erreicht werden konnte.

Der Park bot die für einen Landschaftsgarten typischen wechselnden Partien mit immer neuen Ansichten und Ausblicken auch in die Umgebung: „Hier erblickt man durch eine dunkle Schlucht des Wäldchens den von der Sonne beleuchteten Spiegel des Lacs im nahen Thale, dort gewahrt man durch eine andere Oeffnung ein mit lachenden Fluren umgebenes Dorf in weiter Ferne; ... und weiterhin gelangt man durch ein dunkles Gebüsch auf einen Platz, von welchem aus man von einer ganz freien Aussicht auf die Residenz und in das mit vielen freundlichen Dörfern, einzeln stehenden Häusern und grünen Gefilden reich geschmückte Fuldathal ganz unerwartet überrascht wird. Dies ist der Lieblingsaufenthalt der durchlauchtigsten Besitzerin!“[39] Auf dem Plan der Anlage läßt sich dieser Ort mit gewisser Sicherheit als der etwa kreisförmige Platz in einiger Entfernung östlich des Hauses identifizieren.

Der Park erfreute sich nicht nur der Gunst Augustes, sondern auch der Bevölkerung Kassels, die schon seit dem Ende des Königreichs Westphalen immer öfter nach Schönfeld kam – nicht zur reinen Freude des Gärtners Bastard[40]. Der Kurfürstin wurde hoch angerechnet, daß sie den jederzeitigen freien Zutritt gestattete, sogar dann, wenn sie sich selbst in Augustenruhe aufhielt. Obwohl ja auch die anderen herrschaftlichen Gärten Kassels, die Wilhelmshöhe und die Karlsaue, dem Publikum nicht verschlossen waren, sah man doch gerade bei Auguste in dieser Geste „die unverkennbarsten Spuren höchster Milde, Humanität und Liberalität ohne Ansehn der Person"[41]. So spielte auch in die harmlosen Freizeitvergnügungen der Kasselaner das Ressentiment gegen den der genannten Tugenden nicht habhaften Ehegemahl und natürlich besonders gegen die ungeliebte Gräfin Reichenbach hinein.

Der Sommersitz Augustes bot ihr die Möglichkeit, ihren Interessen und gesellschaftlichen Kontakten in ungezwungener Form nachzugehen. Weit vor der Stadt konnte die höfische Etikette in den Hintergrund treten. Wie sich gezeigt hat, war die ländliche Idylle jedoch nicht so abgeschieden, wie vermutet werden könnte; besonders an schönen Wochenenden scheint es in Augustenruhe recht lebhaft zugegangen zu sein.

Den notwendigen Umbau des Landhauses nutzte Auguste nicht zu einer architektonischen Demonstration ihres Ranges als deutsche Kurfürstin und Königstochter, sondern ließ sich unprätentiös von pragmatisch funktionalen Überlegungen und eigener Urteilskraft leiten.

Die Ausstattung der von Auguste bewohnten Räume, überraschenderweise auf nur einen Flügel des Schlößchens beschränkt, zeigte wiederum ihren programmatischen Verzicht auf Repräsentation und den Wunsch, sich ganz den eigenen Interessen und Neigungen in bescheidenem Rahmen einzurichten. Einen gewissen Schwerpunkt bildete dabei neben der Kunst der familiäre Bezug auf die Geschwister und die eigenen Kinder.

Nach dem Tode der Prinzessin Caroline im November 1854 versiegelte man die Eingangstüren des Schlößchens. Am 27. Januar 1855

92. Auf diesem heute verschollenen Aquarell Ludwig Emil Grimms ist ein Blick durch die Tür des östlichen Flügels von Schloß Schönfeld nach Osten dargestellt. Mehrere von Bewuchs freigehaltene Durchblicke ermöglichten Blicke aus dem Park auf bestimmte Punkte oder Landschaftsausschnitte der Umgebung, wie hier auf Waldau. Die Figur der unter dem Balkon sitzenden und lesenden Kurfürstin ist nicht ausgeführt (Anhang Nr. 98).

wurden die Siegel wieder abgenommen, um dem Bevollmächtigten der Herzogin von Sachsen-Meiningen, Kammerherrn von Uttenhoven, 23 Stücke aus dem Besitz der verstorbenen Schwester bzw. der Kurfürstin zu übergeben[42]. Darunter befanden sich das kleine Ölbild Gerhardts von Reutern, der von der Stadt Kassel geschenkte Tisch aus dem „roten Salon", die drei Ansichten von Potsdam, vier Kreidezeichnungen Augustes, „ein Dagueretypbild von der Prinzessin Auguste von Sachsen-Meiningen Hoheit" (geb. 1843) und „die in Stramin genähten kleinen Teppiche". Als letzte Position des Übergabeverzeichnisses erscheint „die Zeichenmappe, worauf auf Goldgrund bunte Blumen geklebt sind".

93. Auf dieser 1840 entstandenen Federzeichnung Ludwig Emil Grimms erkennt man von links nach rechts Prinzessin Marie, Wilhelm Grimm, Prinzessin Caroline, Kurfürstin Auguste, Jacob Grimm, Ludwig Emil Grimm sowie dessen Tochter Friederike, gen. Ideke. Im Hintergrund ist Schloß Schönfeld zu sehen (Anhang Nr. 58).

Anmerkungen

1 Hessisches Staatsarchiv Marburg (StAM), 300 A 33, Nr. 18. Der Teich wurde zur Fischzucht verwendet.
2 Zum Familienzwist vgl. die Beiträge von Ewald Grothe und Heidrun Helwig in diesem Band.
3 Zur Geschichte Schönfelds vgl. v.a. Philipp Losch: Schönfeld. Bilder aus der Geschichte eines hessischen Schlößchens und seiner Besitzer. Leipzig 1913; Alois Holtmeyer: Die Bau- und Kunstdenkmäler im Regierungsbezirk Kassel, VI., Kreis Cassel-Stadt. Marburg 1923, S. 411ff.; August Straub: Das Schlößchen Schönfeld und seine Musenhöfe. In: Hessische Heimat N.F. 11, 1961, S. 20-24.
4 Der Balkon an der Ostseite stammt in seiner jetzigen Gestalt aus der Zeit König Jérômes; 1823 wurde er gründlich erneuert. Vgl. dazu Jussows Darlegungen von 1823, Staatliche Museen, Graphische Sammlung, o. Sign. (Karton „Jussow/Kassel").
5 Vgl. das Aufmaß von Jussow von 1823 (wie Anm. 4,K II 9551). Beim Wiederaufbau des kriegszerstörten Westflügels wurden diese Abweichungen nicht beachtet und der Neubau lediglich als Imitation des östlichen Gebäudes errichtet.
6 Thorbecke wie auch seine Nachfolger erhielten das Gut in Erbleihe, vgl. Losch, Schönfeld (wie Anm. 3), S. 35 u. 39.
7 Im Januar 1856 wurden in Schönfeld vier Kastanien gefällt, weil sie die Südseite des Landhauses zu sehr beschatteten; diejenigen van der Hoops dürften sich darunter befunden haben. StAM 300 A 57, Nr. 6.
8 Losch, Schönfeld (wie Anm. 3), S. 43ff.; Straub, Schlößchen (wie Anm. 3), S. 20ff.
9 Bis zu dieser Zeit war der alte „Spittelsiechenweg" (Verlauf der heutigen Bosestraße) der einzige Zufahrtsweg.
10 StAM 7a/4, Nr. 6; Otto Gerland: Werner Henschel. Leipzig 1898, S. 27f.; Losch, Schönfeld (wie Anm. 3), S. 61 u. 76; Jutta Schuchard: Werner Henschel (1782-1850). In: Carl Anton Henschel, Erfolgreicher Eisenbahnpionier und Fabrikant. Hrsg. von der Stadtsparkasse Kassel. Kassel 1984, S. 42f.
11 Die Schönfelder Anlagen und Ländereien behielten etwa 70 Acker; Losch, Schönfeld (wie Anm. 3), S. 78; ein Aufmaß des Jahres 1821 gibt als Besitz der Kurfürstin 62 3/16 Acker 6 3/8 Ruten an; StAM Karten P II 2591.
12 StAM 7a/4, Nr. 10; dazu Losch, Schönfeld (wie Anm. 3), S. 77.
13 Losch, Schönfeld (wie Anm. 3), S. 87.
14 Anweisung vom 25.12.1822; StAM 300 A 42 Nr. 1.
15 Schreiben des Finanzrates Deines an Jussow vom 28.4.1823 (wie Anm. 4). Das Schreiben Deines ist, mit anderem zugehörigen Schriftwechsel, veröffentlicht von Ihnken: Schlößchen Schönfeld und die Kurfürstin Auguste. In: Kasseler Post, 25.10.1934.
16 StAM 7a/4 Nr. 10.
17 Schreiben Jussows vom 1.6.1823, (wie Anm. 4).
18 Schreiben Jussows (wie Anm. 4).
19 Abgebildet in Kasseler Post (wie Anm. 15). Das Original ist nicht mehr vorhanden.
20 Schreiben Jussows vom 1.6.1823 (wie Anm. 4).
21 Schreiben der Kurfürstin Auguste an Jussow vom 23.6.1823 (wie Anm. 4).
22 Laut Inventar von 1855 hatte die Durchfahrt auf beiden Seiten zweiflügelige Tore, StAM 7i Nr. 141. Vertraut man dem Aquarell Ludwig Emil Grimms (Anhang Nr. 95; Abb. 89) oder der Darstellung von Löwer/Martens (Anhang Nr. 99; Abb. 91), standen diese Tore (meistens ?) offen, so daß sich ein reizvoller Durchblick nach Süden ergab.
23 Zweifellos hätte Jussow gern einen völligen Neubau errichtet, wie seine „Idee zu einem Garten Pavillon auf Augustenruhe statt den beyden Häußern" deutlich macht. Die Skizze zeigt einen Grundriß mit einer Säulenstellung in der Flucht der Hauptfassade. Der Gedanke erinnert an ältere Entwürfe Jussows für kleinere Gartenbauten in Wilhelmshöhe; vgl. dazu Karl Paetow: Klassizismus und Romantik auf Wilhelmshöhe. Kassel 1929, Abb. 10, 11 und 13.
24 Losch, Schönfeld (wie Anm. 3), S. 80f.; Holtmeyer, Bau- und Kunstdenkmäler (wie Anm. 3), S. 412f.; noch 1988 in: Johann Conrad Bromeis. 1788-1855. Ein kurhessischer Architekt (Ausstellung Staatliche Kunstsammlungen Kassel 1988), Kassel 1988, S. 17. Verf. ist Frau Dr. Jutta

Schuchard, Kassel, für freundliche Hinweise zur Baugeschichte zu Dank verpflichtet.

25 Baubeschreibung Jussows, o. Dat. (wie Anm. 4).

26 Schreiben Jussows vom 1.6.1823 (wie Anm. 4).

27 Die aquarellierte Bleistiftzeichnung Ludwig Emil Grimms vom 24. August 1825 (BGM: Gr. Slg. Hz. 581) zeigt die Eckquaderung am Gärtnerhaus (Abb. 88; Anhang Nr. 95).

28 Zur Nutzung des Schlößchens durch Prinzessin Caroline vgl. Losch, Schönfeld (wie Anm. 3), S. 99; die Inventare im StAM, besonders 7i, Nr. 197 (Mobiliar samt Ausstattung), 7i, Nr. 407 (Gemälde), 7i, Nr. 178 (Bücher).

29 StAM 7i, Nr. 197. Das Inventar nennt neben den drei männlichen Geschwistern lediglich „eine Dame"; da Auguste hier offensichtlich nur die Bildnisse der überlebenden Kinder aus der zweiten Ehe des Vaters versammelt hatte, kommt allein die ältere Schwester Wilhelmine in Frage. Die Büste des Prinzen Heinrich wurde 1855 an Augustes Tochter Marie, Herzogin von Sachsen-Meinigen, abgegeben; vgl. StAM 300 A 33, Nr. 18.

30 Die fünf Porträtmedaillons wurden ebenfalls 1855 zusammen mit weiteren Stücken aus Augustenruhe an die Tochter Marie in Meiningen abgegeben; vgl. StAM 300 A 33, Nr. 18. Zum (nicht ausgeführten) Modell vgl. Straub, Schönfeld (wie Anm. 3), S. 23.

31 StAM 7i, Nr. 141. Der Alkoven, wahrscheinlich aus der Zeit Jérômes, ist noch vorhanden.

32 Ob es sich bei der Büste der Herzogin um die von Henschel geschaffene handelt, ist unklar. Die nach Losch, Schönfeld (wie Anm. 3), S. 95, noch in den 80er Jahren des letzten Jahrhunderts in Schönfeld befindlichen Büsten der drei Kinder Augustes erscheinen in den Inventaren nicht. Das im Schlafzimmer vorhandene „Relief: Johannes, von Domenicho" (StAM 7i, Nr. 407, Gemäldeinventar) läßt sich mit einiger Sicherheit als ein Erzeugnis des preußischen Eisenkunstgusses ansprechen, der dieses Motiv Domenichinos in mehreren Varianten produzierte; vgl. Ruth Stummann-Bowert: Eisenkunstguß. Die Sammlung der Buderus Aktiengesellschaft. Wetzlar 1984, S. 81f.

33 Von 64 im Inventar genannten waren es 49; StAM 7i, Nr. 407. Die von Losch, Schönfeld (wie Anm. 3), S. 95, als zu den „wertvollsten" gerechneten Gemälde Tischbeins finden sich in den Inventaren nicht.

34 Das Inventar (wie Anm. 33) nennt nur vereinzelt Künstlernamen und gibt die Bildinhalte sehr allgemein an. Bei dem erwähnten Bild von Louis Noël de Frèville könnte es sich um das in den Staatlichen Museen Kassel, Neue Galerie, befindliche Bild „Das Fuldatal bei Kassel" von 1834 handeln; vgl. Marianne Heinz u.a. (Bearb.): Staatliche Kunstsammlungen Kassel. Bestandskatalog der Gemälde des 19. Jahrhunderts. Neue Galerie, Staatliche und Städtische Kunstsammlungen Kassel (= Kataloge der Staatlichen Kunstsammlungen Kassel. Neue Galerie I), Kassel 1991, S. 145.

35 Heute in der Neuen Galerie Kassel, vgl. Heinz (wie Anm. 34), S. 161.

36 Zu Augustes angeblich übertriebenen Aufenthalten im Freien vgl. Losch, Schönfeld (wie Anm. 3), S. 96. Zum Park in der Zeit Augustes informieren David Philipp von Apell: Cassel und dessen Umgebungen. Eine Skizze für Reisende. Kassel [5]1831, S. 100f. und G.A. Lobe: Wanderungen durch Cassel und die Umgegend. Eine Skizze für Einheimische und Fremde. Kassel 1837, S. 157ff.

37 So war die zwischen den Teichen befindliche Kaskade 1820 durch ein Unwetter schwer beschädigt worden. Noch im Oktober 1821 bat der Gärtner um Reparatur; StAM 7a/4, Nr. 10.

38 Zu diesen Bäumen vgl. Anm. 7.

39 Lobe, Wanderungen (wie Anm. 36), S. 159.

40 Bereits im Mai 1814 hatte der Gärtner Bastard der Gartenbaudirekion mitgeteilt, daß „jetzt zu Schönfeld täglich sehr viele Leute Spazieren gehen, und sich nun auch immermehr Fahrende und Reidende Partheyen dahin ziehen [...]". In der Folge wurde Reiten und Fahren untersagt; StAM 7a/4, Nr. 10. Eberhard Bastard war von 1803-1846 Gärtner in Schönfeld.

41 Lobe, Wanderungen (wie Anm. 36), S. 160.

42 StAM 300 A 33, Nr. 18. Schloß und Park Schönfeld gingen in den Besitz des Kurfürstlichen Hausfideikommiß' über.

94. Diese Miniatur (auf Elfenbein) von Augustes Vater Friedrich Wilhelm II. (1744-1797; 1786 König von Preußen) schuf Jacques Clauze in der zweiten Hälfte des 18. Jahrhunderts in Berlin (Anhang Nr. 1).

95. Die Miniatur (auf Elfenbein) von Augustes Mutter Friederike (1751-1805; 1786 Königin von Preußen) entstand ebenfalls in der zweiten Hälfte des 18. Jahrhunderts in Berlin (Anhang Nr. 4).

Anhang
Kurfürstin Auguste (1780-1841) in ihrer Zeit
Gemälde, Skulpturen, Graphiken, Dokumente

I. Personen

a. Familienporträts

Eltern

1. Jacques Clauze (auch: Clauce; 1728-1789): Porträt des Vaters Friedrich Wilhelm II., König von Preußen (1744-1797; König seit 1786). Zweite Hälfte d. 18. Jh. Miniatur auf Elfenbein, Ø 6,9 cm.
Hessische Hausstiftung, Museum Schloß Fasanerie Fulda: I 79

2. Unbekannter Künstler: Porträt des Vaters Friedrich Wilhelm II., König von Preußen (1744-1797; König seit 1786). 18. Jh. Reliefbild aus Elfenbein, Ø 7 cm. Aus dem Besitz der Kurfürstin Auguste.
Hessische Hausstiftung, Museum Schloß Fasanerie Fulda: K 82

3. Georg Johann Müller (?-1796; Modell): Deckelvase (weiß-gold u. blau-gold) mit dem Medaillon des Vaters Friedrich Wilhelm II., König von Preußen (1744-1797; König seit 1786). 1785. Porzellan, 48,2 x 27,4 x 22,4 cm.
Hessische Hausstiftung, Museum Schloß Fasanerie Fulda: P(E) 729

4. Jacques Clauze (auch: Clauce; 1728-1789): Porträt der Mutter Friederike, Prinzessin von Hessen-Darmstadt und Königin von Preußen (1751-1805). Zweite Hälfte d. 18. Jh. Miniatur auf Elfenbein, Ø 6,9 cm.
Hessische Hausstiftung, Museum Schloß Fasanerie Fulda: I 80

5. Unbekannter Künstler: Porträt der Mutter Friederike, Prinzessin von Hessen-Darmstadt und Königin von Preußen (1751-1805). 18. Jh. Reliefbild aus Elfenbein, Ø 7 cm. Aus dem Besitz der Kurfürstin Auguste.
Hessische Hausstiftung, Museum Schloß Fasanerie Fulda: K 81

6. Georg Johann Müller (?-1796; Modell): Deckelvase (weiß-gold, blau-gold) mit dem Medaillon der Mutter Friederike, Prinzessin von Hessen-Darmstadt und Königin von Preußen (1751-1805). 1785. Porzellan, 42,5 x 25,4 x 19,6 cm.
Hessische Hausstiftung, Museum Schloß Fasanerie Fulda: P(E) 1588

Schwiegereltern

7. Wilhelm Böttner (1752-1805): Porträt des Schwiegervaters Wilhelm IX., Landgraf von Hessen-Kassel (1743-1821; Landgraf seit 1785; seit 1803 als Wilhelm I. Kurfürst von Hessen-Kassel). Um 1790. Öl auf Leinwand, 145 x 113,5 cm.
Staatliche Museen Kassel, Neue Galerie: AZ 188

8. Wilhelm Böttner (1752-1805): Landgraf Wilhelm IX. von Hessen-Kassel (1743-1821) mit Familie: Landgräfin Wilhelmine Caroline (1747-1820), Prinz Wilhelm (1777-1847), Prinzessin Caroline (1771-1848) und Prinzessin Friederike (1768-1839); im Hintergrund: Schloß Gesundbrunnen bei Hofgeismar. 1787. Öl auf Leinwand, 121,4 x 146,6 cm.
Hessische Hausstiftung, Museum Schloß Fasanerie Fulda: B 12

9. Johann Friedrich Bury (1763-1823): Porträt des Schwiegervaters, Landgraf Wilhelm IX. bzw. Kurfürst Wilhelm I. von Hessen-Kassel (1743-1821; Kurfürst seit 1803). 1803/06. Öl auf Leinwand, 61,6 x 49,8 cm.
Staatliche Museen Kassel, Neue Galerie: AZ 14

10. Johann Friedrich Bury (1763-1823): Porträt der Schwiegermutter Wilhelmine Caroline, Prinzessin von Dänemark und Landgräfin bzw. Kurfürstin von Hessen-Kassel (1747-1820). 1803/86. Öl auf Leinwand, 63,5 x 49 cm.
Staatliche Museen Kassel, Neue Galerie: AZ 15

Geschwister und Verwandte

11. Wilhelm Böttner (1752-1805): Porträt des Bruders Friedrich Wilhelm III., König von Preußen (1770-1840; König seit 1797). Ende d. 18. Jh. Öl auf Leinwand, 70,3 x 54,5 cm.
Hessische Hausstiftung, Museum Schloß Fasanerie Fulda: B 17

12. Gottfried Schadow (1764-1850): Büste des Bruders Friedrich Wilhelm III., König von Preußen (1770-1840; König seit 1797). Ende d. 18. Jh. Marmor, 59 x 39 x 27 cm.
Hessische Hausstiftung, Museum Schloß Fasanerie Fulda: B 40

13. Nach Gottfried Schadow: Büste des Bruders Friedrich Wilhelm III., König von Preußen (1770-1840; König seit 1797). Ende d. 18. Jh. Biskuitporzellan, 25,7 x 12,5 x 7,3 cm.
Hessische Hausstiftung, Museum Schloß Fasanerie Fulda: P (E) 143

14. Wilhelm Böttner (1752-1805): Porträt der Schwägerin Luise, Prinzessin von Mecklenburg-Strelitz und Königin von Preußen (1776-1810). Ende d. 18. Jh. Öl auf Leinwand, 70,2 x 55 cm.
Hessische Hausstiftung, Museum Schloß Fasanerie Fulda: B 15
15. Nach Wilhelm Schadow: Büste der Schwägerin Luise, Prinzessin von Mecklenburg-Strelitz und Königin von Preußen (1776-1810). Ende d. 18. Jh. Biskuitporzellan, 25,7 x 12,5 x 7,3 cm.
Hessische Hausstiftung, Museum Schloß Fasanerie Fulda: P(E) 142

Kurfürstin Auguste

16. Wilhelm Böttner (1752-1805; zugeschrieben): Porträt der Auguste (1780-1841), Prinzessin von Preußen und Prinzessin von Hessen-Kassel (seit 1803 Kurprinzessin, seit 1821 Kurfürstin von Hessen-Kassel). Ende d. 18. Jh. Öl auf Leinwand (Oval), 55,5 x 68,5 cm.
Hessische Hausstiftung, Museum Schloß Fasanerie Fulda: B 16
17. Prinzessin Auguste von Hessen-Kassel (1780-1841): Selbstporträt vor der Staffelei. Um 1800. Bleistift, Ø 35,8 cm, bez. am Spinett: „Jacquues Merken Paris[ie]ns fecit 1800“, bez. auf dem Porträt: „[...] point aux Dieux demandé d'autre Père“.
Vonderau-Museum Fulda: II D 228
18. Johann Friedrich Bury (1763-1823): Porträt der Kurprinzessin Auguste von Hessen-Kassel (1780-1841). 1808. Öl auf Leinwand, 87 x 63,7 cm, bez. u.l.: „F. Bury 1808“.
Staatliche Museen Kassel, Neue Galerie: 1875/1628
19. Kurprinzessin Auguste von Hessen-Kassel (1780-1841): Kopie des Porträts von Johann Friedrich Bury (Nr. 18). 1808. Öl auf Leinwand, 87 x 64 cm.
Hessische Hausstiftung, Museum Schloß Fasanerie Fulda
20. Johann Friedrich Bury (1763-1823): Porträt der Kurprinzessin Auguste von Hessen-Kassel (1780-1841), die „Sixtinische Madonna“ kopierend. 1808/09. Öl auf Leinwand, 90,5 x 71,5 cm.
Privatbesitz
21. Kurprinzessin Auguste von Hessen-Kassel (1780-1841): Kopie des Porträts von Johann Friedrich Bury (Nr. 20). 1809/10. Öl auf Leinwand, 89,5 x 68,5 cm.
Staatliche Museen Meiningen, Schloß Elisabethenburg: BI 133, 771-56 / VI 101
22. Johann Friedrich Bury (1763-1823): Wilhelmine (1774-1837), Prinzessin von Preußen (seit 1791 Prinzessin von Oranien, seit 1815 Königin der Niederlande) und Auguste (1780-1841), Prinzessin von Preußen (seit 1797 Prinzessin, seit 1803 Kurprinzessin, seit 1821 Kurfürstin von Hessen-Kassel) mit Augustes Tochter Marie (1804-1888), Prinzessin von Hessen-Kassel (seit 1825 Herzogin von Sachsen-Meiningen); im Hintergrund: Berlin (Friedrichstadt). 1810. Öl auf Leinwand, 234 x 173 cm, bez. u.M.: „WILHELMINE Prinzessin von Oranien AUGUSTE Kurprinzessin von Hessen geborene Prinzessinnen von Preussen und MARIE Prinzessin von Hessen“.
Staatliche Museen Meiningen, Schloß Elisabethenburg: BP 70 / VI 800
23. Johann Friedrich Bury (1763-1823): Porträt der Kurprinzessin Auguste von Hessen-Kassel (1780-1841; seit 1821 Kurfürstin); im Hintergrund: Kassel. Um 1820. Öl auf Leinwand, 109 x 81 cm.
Staatliche Museen Meiningen, Schloß Elisabethenburg: BP 493-56 / VI 502
24. Ludwig Emil Grimm (1790-1863): Porträt der Kurfürstin Auguste von Hessen-Kassel (1780-1841) im Oval mit Federhut. 1822. Bleistift, 15,5 x 13,2 cm.
Historisches Museum Hanau: B 7474
25. Ludwig Emil Grimm (1790-1863): Porträt der Kurfürstin Auguste von Hessen-Kassel (1780-1841) nach Johann Friedrich Bury (Nr. 23). 1825. Bleistift, 33,3 x 24,1 cm.
Brüder Grimm-Museum Kassel: Hz. 217
26. Ludwig Emil Grimm (1790-1863): Porträt der Kurfürstin Auguste (1780-1841) nach Johann Friedrich Bury (Nr. 23). Nach 1825. Radierung, 33,2 x 24 cm (Darstellung).
Brüder Grimm-Museum Kassel: 4° Graph. 79
27. Ludwig Emil Grimm (1790-1863): Kurfürstin Auguste (1780-1841) mit ihren Kindern im Park Schönfeld. 1822. Bleistift, 17 x 21,9 cm.
Brüder Grimm-Museum Kassel: Hz. 655
28. Ludwig Emil Grimm (1790-1863): Kurfürstin Auguste (1780-1841) mit ihren Kindern Caroline (1799-1854), Friedrich Wilhelm (1802-1875) und Marie (1804-1888) im Park Schönfeld. 1822. Aquarell. Standort und Maße des Originals sind unbekannt (Farbtafel in L.E. Grimm: Erinnerungen aus meinem Leben. Hrsg. von

96. Die von Johann Christian Arnold um 1831 geschaffene Lithographie, die in zahlreichen Abzügen vor allem bei der Kasseler Bürgerschaft Verbreitung fand, zeigt die feierliche Fahnenweihe der Kasseler Bürgergarde auf dem Friedrichsplatz am 26. Mai 1831; unter dem Baldachin am linken Bildrand ist die Kurfürstin Auguste zu sehen, in der Bildmitte steht umgeben von weißgekleideten jungen Damen der Kasseler Bürgerschaft Bürgermeister Carl Schomburg (Anhang Nr. 82).

Wilhelm Praesent. Kassel u. Basel: Bärenreiter, 1950, nach S. 240).
Brüder Grimm-Museum Kassel: 1950 B 1060

29. Ludwig Emil Grimm (1790-1863): Kurfürstin Auguste (1780-1841) mit ihrer Tochter Caroline (1799-1854). 1822. Bleistift, 21,2 x 25,7 cm.
Brüder Grimm-Museum Kassel: Hz. 570

30. Ludwig Emil Grimm (1790-1863): Kurfürstin Auguste (1780-1841) und ihre Tochter Caroline (1799-1854) in der Bellevue. 1840. Beistiftskizze (a) u. Aquarell (b), 9,1 x 6,7 cm u. 8,2 x 7,5 cm.
Brüder Grimm-Museum Kassel: Hz. 529 u. Hz. 620

31. Werner Henschel (1782-1850): Ganzfigur der Kurfürstin Auguste (1780-1841). Um 1820. Gips, terrakotisiert, 152 x 69 x 25 cm.
Hessische Hausstiftung, Museum Schloß Fasanerie Fulda: R 209

32. Johann Wölfle (auch: Woelffle; 1807-1893) nach Samuel Friedrich Diez (1803-1873): Porträt der Kurfürstin Auguste (1780-1841). Um 1835. Lithographie nach Zeichnung, 40 x 34 cm.
Stadtarchiv Kassel: AZ 898

33. Kurfürstin Auguste (1780-1841): Porträt des Prinzen Georg von Hessen-Kassel (1793-1881). 1816. Öl auf Leinwand, 48 x 64,2 cm, bez. verso: „Prinz Georg v. Hessen nach der Natur gemalt von der Kurfürstin Auguste v Hessen geb. Prinzessin v Preussen 1816".
Hessische Hausstiftung, Museum Schloß Fasanerie Fulda: B 363

Ehegatte und „Nebenbuhlerin"

34. Andreas Range (1762-1835): Porträt des Kurprinzen Wilhelm (seit 1821 Kurfürst Wilhelm II.) von Hessen-Kassel (1777-1847); im Hintergrund: Herkules-Schloß in Kassel-Wilhelmshöhe. 1806. Öl auf Leinwand, 68 x 56 cm.
Staatliche Museen Kassel, Neue Galerie: 1875/1169

35. Unbekannter Künstler: Porträt des Kurfürsten Wilhelm II. von Hessen-Kassel (1777-1847). Erstes Drittel d. 19. Jh. Öl auf Papier auf Holz, 30,5 x 26,8 cm.
Staatliche Museen Kassel, Neue Galerie: LM 1957/17

36. Unbekannter Künstler: Miniatur des Kurprinzen Wilhelm (seit 1821 Kurfürst Wilhelm II.) von Hessen-Kassel (1777-1847). Anfang d. 19. Jh. Elfenbein unter Glas, 5,8 x 5,9 cm.
Hessische Hausstiftung, Museum Schloß Fasanerie Fulda: I 247

37. Unbekannter Künstler: Reliefbild des Kurfürsten Wilhelm II. von Hessen-Kassel (1777-1847). Anfang d. 19. Jh. Gips, Ø 48,5 cm.
Hessische Hausstiftung, Museum Schloß Fasanerie Fulda: K 284

38. Ludwig Emil Grimm (1790-1863): Kurfürst Wilhelm II. von Hessen-Kassel (1777-1847). Teilentwurf für das Bild der Kasseler Bürgerpetition. 1830. Bleistift, 16,5 x 28 cm.
Brüder Grimm-Museum Kassel: Hz. 1129

39. Unbekannter Künstler: Porträt der Emilie Ortlöpp (1791-1843; seit 1821 Gräfin von Reichenbach und Lessonitz). 1830. Öl auf Holz, 17 x 15 cm.
Brüder Grimm-Museum Kassel: Gem. 7

40. Laurent Grünbaum (um 1760-?): Miniatur der Emilie Ortlöpp (1791-1843; seit 1821 Gräfin von Reichenbach und Lessonitz). Standort des Originals und Maße unbekannt (Abb. in Joachim Kühn: Das Ende einer Dynastie. Berlin: Brückenverlag, 1929, S. IV).
Landesbibliothek und Murhardsche Bibliothek Kassel: 8° Hass. Wiss. II. 13a

41. Werner Henschel (1782-1850): Büste der Emilie Ortlöpp (1791-1843; seit 1821 Gräfin von Reichenbach und Lessonitz). Standort des Originals und Maße unbekannt (Abb. in Joachim Kühn: Das Ende einer Dynastie. Berlin: Brückenverlag, 1929, S. 113).
Landesbibliothek und Murhardsche Bibliothek Kassel: 8° Hass. Wiss. II. 13a

42. Johann Christian Ruhl (1764-1842): Büste der Emilie Ortlöpp (1791-1843; seit 1821 Gräfin von Reichenbach und Lessonitz). Zweites Viertel d. 19. Jh. Gips (Abb. in Paul Heidelbach: Kassel. Ein Jahrtausend hessischer Stadtkultur. Kassel: Bärenreiter, 1957).

Kinder von Auguste

43. Johann Friedrich Bury (1763-1823): Porträt der Kurprinzessin Caroline von Hessen-Kassel (1799-1854). 1820. Öl auf Leinwand, 76 x 56 cm, bez. verso: „Caroline P v hessen Bury fec 1820".
Landesmuseum Oldenburg

44. Werner Henschel (1782-1850): Büste der Kurprinzessin Caroline von Hessen-Kassel (1799-1854). Vor 1820. Gips, 60 x 31 x 21 cm.
Staatliche Museen Kassel, Neue Galerie: LM 1965/53

45. Werner Henschel (1782-1850): Büste der Kurprinzessin Marie von Hessen-Kassel (1804-1888; seit 1825 Herzogin von Sachsen-Meiningen). Zweites Viertel d. 19. Jh.. Gips. Standort des Originals und Maße unbekannt (Abb. in Otto Gerland: Werner Henschel, ein Bildhauer aus der Zeit der Romantik. Leipzig: Seemann, 1898, S. 44).
Landesbibliothek und Murhardsche Bibliothek Kassel: Biogr. 132 ra.

46. Kurfürstin Auguste (1780-1841): Porträt der Kurprinzessin Marie von Hessen-Kassel (1804-1888; seit 1825 Herzogin von Sachsen-Meiningen). 1825. Öl auf Leinwand, 70 x 55 cm.
Schloß Friedenstein Gotha

47. Kurprinzessin Auguste (1780-1841; zugeschrieben): Porträt des Kurprinzen Friedrich Wilhelm von Hessen-Kassel (1802-1875) als Kind. Um 1805. Öl auf Leinwand, 57,9 x 49,5 cm.
Staatliche Museen Kassel: Leihgabe der Hessisch-Thüringischen Brandkasse
Ausgestellt im Museum Schloß Friedrichstein Bad Wildungen

48. Kurprinzessin Auguste (1780-1841): Kurprinz Friedrich Wilhelm von Hessen-Kassel (1802-1875) mit zwei kurhessischen Bauern bei Netra. 1815. Öl auf Leinwand, 228 x 169 cm, bez. u.l.: „Auguste C. den 26.7.1815", bez. verso: „Friedr. Wilhelm Prinz von Hessen zwischen zwei Bauern in Netra, der ersten hessischen Poststation von Sachsen aus - den 21 November 1813 - Gemalt in Cassel, im Jahre Christi 1814 von Ihro Königlichen Hoheit der Kurprinzessin Augusta von Hessen Kassel - geb. Prinzessin von Preusen".
Geschenk der Kurfürstin (1815) an die Stadt Kassel.
Staatliche Museen Kassel, Neue Galerie: AZ 1170

49. Werner Henschel (1782-1850): Büste des Kurprinzen Friedrich Wilhelm I. von Hessen-Kassel (1802-1875). 1821. Gips, 63 x 39 x 22 cm.
Hessische Hausstiftung, Museum Schloß Fasanerie Fulda: R 103

50. Unbekannter Künstler: Porträt des Kurfürsten Friedrich Wilhelm I. von Hessen-Kassel (1802-1875; Mitregent seit 1831; Kurfürst seit 1847). Mitte (?) d. 19. Jh. Öl auf Leinwand, 67,5 x 52,5 cm.
Staatliche Museen Kassel, Neue Galerie: AZ 424
Ausgestellt im Museum Schloß Friedrichstein Bad Wildungen

51. Unbekannter Lithograph: Porträts des Kurfürsten Friedrich Wilhelm I. von Hessen-Kassel (1802-1875) und der Gertrude Falkenstein (1803-1882; in erster Ehe verh. Lehmann; seit 1831 Gräfin von Schaumburg, seit 1853 Fürstin von Hanau und zu Horzowitz). Um 1850. Lithographie, je 13,5 x 18,8 cm.
Stadtarchiv Kassel: Porträtsammlung

b. Zeitgenossen

52. Pompeo Marchesi (1789-1858) u. Eduard Ihlee (1812-1885; ?): Sitzende Ganzfigur von Johann Wolfgang von Goethe (1749-1832). Um 1838. Bronze, 35,7 x 21,3 x 26 cm, bez. an der Seite: „C.P. Marchesi, Pompeo C.P. Ihle, Frankfurt, Ebit".
Hessische Hausstiftung, Museum Schloß Fasanerie Fulda: R 208

53. Johann Friedrich Bury (1763-1823): Selbstporträt. Um 1800. Öl auf Leinwand, 61 x 50 cm.
Privatbesitz

54. Ludwig Emil Grimm (1790-1863): Jacob Grimm (1785-1863) als kurhessischer Legationssekretär. 1815. Bleistift, 15,8 x 13,8 cm.
Brüder Grimm-Museum Kassel: Hz. 553

55. Ludwig Emil Grimm (1790-1863): Wilhelm Grimm (1786-1859) im Talar der Universität zu Göttingen. 1837. Aquarell, 28 x 23,8 cm.
Brüder Grimm-Museum Kassel: Hz. 666

56. Ludwig Emil Grimm (1790-1863): Jugendliches Selbstporträt mit Bart. 1815. Radierung, 14,7 x 11,6 cm (Darstellung), 16,4 x 12,3 cm (Plattenrand).
Brüder Grimm-Museum Kassel: Graph. 45 IV/4

57. Ludwig Emil Grimm (1790-1863): Selbstporträt mit seiner zweiten Frau Friederike, geb. Ernst (1806-1894) und seiner Tochter aus erster Ehe Friederike, gen. Ideke (1833-1914). 1845. Öl auf Leinwand, 40 x 34,5 cm.
Brüder Grimm-Museum Kassel: Gem. 9

58. Ludwig Emil Grimm (1790-1863): Die Brüder Jacob, Wilhelm und Ludwig Emil Grimm bei der Kurfürstin Auguste im Park Schönfeld (an einem Gartentisch, im Hintergrund Schloß Schönfeld). 1840. Feder, 20,3 x 33 cm.
Brüder Grimm-Museum Kassel: Hz. 831

59. Ludwig Emil Grimm (1790-1863): Spaziergang im Park Schönfeld. 1840. Bleistift, 15,5 x 20,6 cm.
Brüder Grimm-Museum Kassel: Hz. 146

60. Ludwig Emil Grimm (1790-1863): Empfang bei der Kurfürstin Auguste. 1841. Bleistift, 16,5 x 20,3 cm.
Brüder Grimm-Museum Kassel: Hz. 1133

61. Unbekannter Künstler: Joseph Maria von Radowitz (1797-1853) (Abb. in: Radowitz' ausgewählte Schriften in drei Bänden. Regensburg: J. Habbel, o.J., Bd. 1, S. 2).
Landesbibliothek und Murhardsche Bibliothek Kassel: 1949 C 2956

62. Carl Glinzer (1802-1878): Werner Henschel (1782-1850). 1831. Kohle, 41 x 31,2 cm.
Staatliche Museen Kassel, Graph. Sammlung: Leihgabe

63. Ludwig Emil Grimm (1790-1863): Petition der Kasseler Bürgerschaft unter Führung von Bürgermeister Carl Schomburg bei Kurfürst Wilhelm II. von Hessen-Kassel am 15.9.1830. 1830. Entwurf zur Lithographie, Bleistift, 24,9 x 38,1 cm.
Brüder Grimm-Museum Kassel: Hz. 187 (1)

64. Anton Johann Gareis d.Ä. (1793-1863): Louis Spohr (1784-1859). Um 1828. Öl auf Leinwand, Ø 17 cm.
Staatliche Museen Kassel, Neue Galerie: LM 1933/314

65. Ludwig Emil Grimm (1790-1863): Hans Daniel Ludwig Friedrich Hassenpflug (1794-1862). 1817. Öl auf Leinwand (Kopie von E. Kruse), 83 x 63 cm.
Brüder Grimm-Museum Kassel: Gem. 24

66. Johann August von der Embde (1780-1862): Der Kasseler geheime Kammerrat und Ober-Polizeidirektor Ludwig von Manger (1770-1847). Um 1825. Öl auf Leinwand, 63,5 x 49 cm.
Staatliche Museen Kassel, Neue Galerie: 1875/1714

67. Ludwig Emil Grimm (1790-1863): Gerhardt von Reutern (1794-1865). 1825. Bleistift, 18 x 21,2 cm.
Brüder Grimm-Museum Kassel: Hz. 487

II. ORTE

a. Hanau

68. Unbekannter Lithograph: Plan der Stadt Hanau mit Ansichten von Schloß Philippsruhe, Wilhelmsbad usw. (Verlag der C.J. Edlerschen Buchhandlung). 19. Jh. Lithographie, 44,3 x 59,7 cm (Blatt), 40,4 x 56 cm (Darstellung).
Staatliche Museen Kassel, Graph. Sammlung: GS 8072

b. Kassel

Gesamtansichten und Wilhelmshöhe

69. Louis Noël de Fréville (1803-nach 1850): Das Fuldatal bei Kassel mit Blick auf den Habichtswald. 1834. Öl auf Leinwand, 66 x 79,5 cm.
Staatliche Museen Kassel, Neue Galerie: LM 1938/393

70. Ludwig Emil Grimm (1790-1863): Kassel von Südosten aus gesehen. 1819. Bleistift, 20,6 x 35,2 cm.
Brüder Grimm-Museum Kassel: Hz. 76

71. Ludwig Emil Grimm (1790-1863): Blick von der Karlsaue auf die Kasseler Bellevue. 1821. Bleistift, 24,4 x 36 cm.
Brüder Grimm-Museum Kassel: Hz. 82

72. Johann Erdmann Hummel (1769-1852): Ansicht von Schloß Wilhelmshöhe mit Habichtswald, Herkules und Löwenburg. 1799/1800. Öl auf Leinwand, 81,5 x 112 cm.
Staatliche Museen Kassel, Neue Galerie: 1875/1460

Einzelne Stadtansichten

73. Unbekannter Künstler: Der Friedrichsplatz zu Kassel. 19. Jh. Stahlstich, 12,8 x 18,4 cm.
Staatliche Museen Kassel, Graph. Sammlung: GS 1966/175

74. O.C. Koppen: Plan von Cassel, Haupt- und Residenzstadt vom Kurfürstenthum Hessen. Seiner Königlichen Hoheit Wilhelm II. allerunterthänigst zugeeignet. Lithographie von B. Herder in Freiburg im Breisgau. Cassel: Verlag der Luckhardt'schen Hofbuchhandlung, 1830, 54 x 71,5 cm.
Links vom Plan Detailansichten mit Darstellungen des Palais Hessen-Rotenburg am Königsplatz sowie des Bellevueschlosses.
Stadtarchiv Kassel: Ansichtensammlung

75. Friedrich Wilhelm Selig: Das Kurfürstliche Palais am Friedrichsplatz von der Süd-West-Seite. 1829. Lithographie nach dem Aquarell, 32,7 x 43,5 cm (Blatt), 22,2 x 33,5 cm (Darstellung).
Staatliche Museen Kassel, Graph. Sammlung: AZ 1923

76. Johann Heinrich Martens (um 1771-?) nach Conrad Löwer (um 1834-1850 in Kassel tätig): Das Kurfürstliche Residenzpalais am Friedrichsplatz. Um 1840. Aquatinta, 18,7 x 27,7 cm (Blatt), 9,3 x 14 cm (Darstellung).
Staatliche Museen Kassel, Graph. Sammlung

77. Friedrich Appel (1812-1857): Das Kurfürstliche Residenzpalais am Friedrichsplatz zu Kassel. Um 1830. Lithographie, 42,5 x 54 cm (Blatt), 34,5 x 46,8 cm (Darstellung).
Stadtarchiv Kassel: Ansichtensammlung
78. Friedrich Wilhelm Selig: Das Kurfürstliche Hoftheater und die Königsstraße in Kassel. 1828. Lithographie (gedruckt bei F. Horn), 27,5 x 37,8 cm (Blatt), 22 x 33,2 cm (Darstellung).
Stadtarchiv Kassel: Ansichtensammlung
79. Friedrich Appel (1812-1857): Ansicht des Hof-Theaters zu Cassel. Um 1830. Lithographie (gedruckt bei F. Horn), 41,5 x 52,5 cm (Blatt), 34,4 x 46,5 cm (Darstellung).
Stadtarchiv Kassel: Ansichtensammlung
80. Johann Heinrich Martens (um 1771-?) nach Conrad Löwer (um 1834-1850 in Kassel tätig): Das Kurfürstliche Hoftheater in der Königsstraße in Kassel. Um 1840. Lithographie (gedruckt bei W. Appel), 16,6 x 23,9 cm (Blatt), 9,1 x 13, 7cm (Darstellung).
Stadtarchiv Kassel: Ansichtensammlung
81. Friedrich Wilhelm Selig: Der Königsplatz in Kassel. Um 1830. Feder, aquarelliert, 47,2 x 62,8 cm (Blatt), 34,1 x 50 cm (Darstellung).
Staatliche Museen Kassel, Graph. Sammlung: GS 12456
82. Johann Christian Arnold (1759-1842): Fahnenweihe der Kasseler Burgergarde auf dem Friedrichsplatz im Beisein der Kurfürstin Auguste am 26. Mai 1831. Um 1831. Lithographie, 47,3 x 51,4 cm (Blatt), 34,8 x 45,7 cm (Darstellung).
Stadtarchiv Kassel: Ansichtensammlung

Schönfeld („Augustenruhe“)

83. Unbekannter Zeichner: Situations-Plan von dem Lustschloß Augustenruhe I.K. Hoheit der Frau Kurfürstin. 1825. Feder, aquarelliert, 63,8 x 74,3 cm.
Staatsarchiv Marburg: Karten P II 2138
84. R. Schotten: Croquis von Wehlheiden. Um 1830. Feder, 27,2 x 27,4 cm.
Landesbibliothek und Murhardsche Bibliothek, Kassel: o.Nr.
85. Jean Jacques Isaac Raffin (1776-1843): Schönfeld von Osten. Nach dem Aquarell von 1821. Druckvorlage, 11,6 x 16,1 cm (Abb. in Philipp Losch: Schönfeld. Bilder aus der Geschichte eines hessischen Schlößchens und seiner Besitzer. Leipzig: Klinkhardt & Biermann, 1913, S. 1).
Stadtarchiv: S 5 A 7
86. Jean Jacques Isaac Raffin (1776-1843): Schönfeld von Süden. Nach dem Aquarell von 1821. Druckvorlage, 11,6 x 16,1 cm (Abb. in Philipp Losch: Schönfeld. Bilder aus der Geschichte eines hessischen Schlößchens und seiner Besitzer. Leipzig: Klinkhardt & Biermann, 1913, nach S. 81).
Stadtarchiv: S 5 A 7
87. Heinrich Christoph Jussow (1754-1825): Bauaufnahme von Schloß Schönfeld vor dem Umbau. Um 1823. Bleistift und Tusche, 46,3 x 32,4 cm.
Staatliche Museen Kassel, Graph. Sammlung: K II 9551
88. Heinrich Christoph Jussow (1754-1825): Entwurf für den Mittelbau von Schloß Schönfeld. Um 1823. Feder. Standort des Originals und Maße unbekannt (Abb. bei Ihnken: Schlößchen Schönfeld und die Kurfürstin Auguste. In: Kasseler Post 25.10.1934).
Stadtarchiv Kassel: S 5 A 7
89. Kurfürstin Auguste: Änderungsskizze zum Mittelbau von Schloß Schönfeld. Um 1823. Bleistift, 22,1 x 26,2 cm.
Staatliche Museen Kassel, Graph. Sammlung: o. Inv.Nr.
90. Heinrich Christoph Jussow (1754-1825): Ausführungsentwurf für den Umbau von Schloß Schönfeld (Ansicht von Norden). 1823, Feder, 30 x 45,5 cm.
Staatliche Museen Kassel, Graph. Sammlung: K II 6017
91. Heinrich Christoph Jussow (1754-1825): Ausführungsentwurf für den Umbau von Schloß Schönfeld. Grundrisse des Erdgeschosses und des ersten Obergeschosses. Um 1823. Feder, auqarelliert, 36,4 x 50,7 cm.
Staatliche Museen Kassel, Graph. Sammlung: K II 6021
92. Heinrich Christoph Jussow (1754-1825): Entwürfe für Balkongitter von Schloß Schönfeld. Um 1823. Feder, aquarelliert, 24,6 x 36,1 cm.
Staatliche Museen Kassel, Graph. Sammlung: K II 6222
93. Heinrich Christoph Jussow (1754-1825): Bauaufnahme eines Ökonomiegebäudes mit Änderungsvorschlag für die Fassade. Um 1823. Feder aquarelliert, 43,2 x 30,9 cm.
Staatliche Museen Kassel, Graph. Sammlung: K II 6030
94. Ludwig Emil Grimm (1790-1863): Schloß und Park Schönfeld. 1825. Aquarell, 23,1 x 30,9 cm, bez. „AugustenRuhe gez. d. 24. August 1825“.
Brüder Grimm-Museum Kassel: Hz. 1213 (Album)

95. Ludwig Emil Grimm (1790-1863): Schloß Schönfeld (Augustenruhe). 1827/30. Aquarell, 18 x 29,3 cm. Brüder Grimm-Museum Kassel: Hz. 691

96. Ludwig Emil Grimm (1790-1863): Landschaft mit Schloß und Park Schönfeld. 1822. Feder (Skizzenbuch, Bl. 43r), 23,3 x 18,9 cm, bez. „Augusten Ruh 1822 del". Brüder Grimm-Museum Kassel: Hz. 1263

97. Ludwig Emil Grimm (1790-1863): Landschaft mit Schloß und Park Schönfeld. 1822/44. Feder (Skizzenbuch, Bl. 43v und 44r), 23,3 x 37,8 cm, bez. „Augusten Ruh" und „May 1844 del." (1822 ?; abgeändert?). Brüder Grimm-Museum Kassel: Hz. 1263

98. Ludwig Emil Grimm (1790-1863): Blick aus Schloß Schönfeld nach Osten. 1828. Aquarell; Standort des Originals und Maße unbekannt. Vom Künstler r. bez.: „Kurfürstin zu Schönfeld" u. „Ich glaube im Jahre 1828 gez." Stadtarchiv Kassel: Bestand Porträtsammlung (Photographie)

99. Johann Heinrich Martens (um 1771-?) nach Conrad Löwer (1834-1850 in Kassel tätig): Schloß Schönfeld (Augustenruhe). Um 1840. Lithographie, 16,2 x 23,3 cm (Blatt), 9,1 x 13,2 cm (Darstellung) Stadtarchiv: Ansichtensammlung

c. Fulda

100. J. Engel: Das Kurfürstliche Residenzschloß in Fulda von Südwesten. Erste Hälfte d. 19. Jh. Radierung, 14,1 x 22,4 cm (Blatt), 8,9 x 15,1 cm (Darstellung). Vonderau-Museum Fulda: II Ea 15

101. Unbekannter Künstler: Die Kurfürstliche Sommerresidenz Schloß Fasanerie bei Fulda. Erste Hälfte d. 19. Jh. Radierung, 13,8 x 20,2 cm (Blatt), 15,5 x 8,9 cm (Darstellung). Vonderau-Museum Fulda: II Ea 38

d. Grabstätte in Kassel

102. Das Kasseler Bellevue-Schloß mit dem Sterbezimmer der Kurfürstin Auguste. Abb. bei Alois Holtmeyer: Die Bau- und Kunstdenkmäler im Regierungsbezirk Kassel. Band VI: Kreis Cassel-Stadt. Marburg: Elwert, 1923, Zweiter Teil, Taf. 245. Stadtarchiv Kassel: III Dc / 13 VI, Atlas 2

103. Werner Henschel (1782-1850): Modell für ein Grabmal der Kurfürstin Auguste (1780-1841). Um/nach 1841. Ton, 24,2 x 18 x 18 cm. Hessische Hausstiftung, Museum Schloß Fasanerie Fulda: o. Inv. Nr.

104. Carl Preser (1828-1910): Grabstätte der Kurfürstin Auguste auf dem alten Totenfriedhof in Kassel. 1875. Öl auf Leinwand, 34 x 44,2 cm. Staatliche Museen Kassel, Neue Galerie: 1875/1721

III. Weitere Dokumente

105. Bonaventura Genelli (1798-1868): Simson und Delila. 1826. Aquarell, 57,2 x 77 cm. Aus dem Besitz der Kurfürstin Auguste. Hessische Hausstiftung, Museum Schloß Fasanerie Fulda: H 75

106. Bonaventura Genelli (1798-1868):Jakob und Rahel am Brunnen. Um 1826. Aquarell, 34,7 x 50,2 cm. Aus dem Besitz der Kurfürstin Auguste. Hessische Hausstiftung, Museum Schloß Fasanerie Fulda: H 79

107. Bonaventura Genelli (1798-1868): Der ungetreue Liebhaber. Um 1826. Aquarell, 33,5 x 47,3 cm. Aus dem Besitz der Kurfürstin Auguste. Hessische Hausstiftung, Museum Schloß Fasanerie Fulda: H 78

108. Bonaventura Genelli (1798-1868): Allegorie auf mein Leben. Um 1826. Aquarell, 18,2 x 39,2 cm. Aus dem Besitz der Kurfürstin Auguste. Hessische Hausstiftung, Museum Schloß Fasanerie Fulda: H 76

109. Carl Rohde (1806-1873): Hessische Auswanderer vor Kassel. 1824. Öl auf Leinwand, 52 x 66,5 cm. Staatliche Museen Kassel, Neue Galerie: LM 1938/390

110. Johannes Adam Kördel (?-1814): Terrine aus dem Service der Kurfürstin Auguste (1780-1841). Um 1813/14. Silber, innen vergoldet, Höhe 47,4 cm. Mit dem Monogramm der Kurfürstin Auguste. Staatliche Museen Kassel, Landesmuseum, Abt. für Kunsthandwerk u. Plastik: 1962/40

111. Épitre [Epistel] de la Nymphe du Wilhelmsbad. Auguste de Prusse, Princesse Héréditaire de Hesse-Cassel. Sur la Fin de la Saison. [Hanau ?] 1798. 2 Bll. 4° Landesbibliothek und Murhardsche Bibliothek Kassel: 4° Hass. gen. 22

112. Briefsiegel der Kurfürstin Auguste (1780-1841). Erste Hälfte d. 19. Jh. Roter Siegellack. Staatliche Museen Kassel, Graph. Sammlung

113. Brief der Kurfürstin Auguste (1780-1841) an Johann Friedrich Bury. Hanau, 11. März 1803. 1 Blatt, einseitig mit brauner Tinte beschr., 8°.
Hanauer Geschichtsverein, Stadtarchiv Hanau
114. [Huldigungsgedicht] Ihrer Königlichen Hoheit, unserer hochverehrten Kurfürstin bei Ihrer Anwesenheit zu Marburg den 7ten Juni 1821 ehrfurchtsvoll überreicht von der Bürgerschaft der Stadt Marburg. [Marburg] 1821. 2 Bll. 8°
Landesbibliothek und Murhardsche Bibliothek Kassel: 4° Hass. gen. 22
115. [Huldigungsgedicht] Der theuren Landesmutter Friedericke Christiane Auguste, bey der glücklichen Rückkehr mit innigster Verehrung und Liebe geweiht von der getreuen Bürgerschaft der Stadt Kassel. Cassel: gedruckt bei der Wittwe Aubel, 1821. 2 Bll. 4°
Landesbibliothek und Murhardsche Bibliothek Kassel: 4° Hass. gen 22
116. Brief der Kurfürstin Auguste (1780-1841) an ihren Sohn Friedrich Wilhelm. Kassel, 1. Nov. 1831. 1 Doppelblatt, auf zwei Seiten mit brauner Tinte beschr. 8°
GStA Berlin, Brandenburg-Preußisches Hausarchiv, Rep. 192, Nachlaß Fürst von Sayn-Wittgenstein, III 10, 16-17, fol. 106v-107r
117. Brief der Kurfürstin Auguste (1780-1841) an ihren Sohn Friedrich Wilhelm. Kassel, 9. Dez. 1831. 1 Doppelblatt, auf drei Seiten mit brauner Tinte beschr. 8°
GStA Berlin, Brandenburg-Preußisches Hausarchiv, Rep. 192, Nachlaß Fürst von Sayn-Wittgenstein, III 10, 16-17, fol. 121v-122r
118. Brief der Kurfürstin Auguste (1780-1841) an ihren Bruder Friedrich Wilhelm III., König von Preußen. Kassel, 10. Dez. 1831. 1 Blatt, auf einer Seite mit brauner Tinte beschr. 8°
GStA Berlin, Brandenburg-Preußisches Hausarchiv, Rep. 192, Nachlaß Fürst von Sayn-Wittgenstein, III 10, 16-17, fol. 123r
119. [Huldigungsgedicht in Kasseler Mundart] Am Gebortstage unser allerliewesten un grundgütigsten Lannesmotter un Frau Kurförschtin Friederike Christiane Auguste. Ufgesatzt un in Rimme gebracht von Gevatter Märten. Im Namen aller guten Hessenkenger, die Aehr herzlich sinn zugethan. Cassel: am irschten im Mai 1832. 2 Bll. 4°
Landesbibliothek und Murhardsche Bibliothek Kassel: 4° Hass. gen. 22
120. [Huldigungsgedicht] Ihrer Königlichen Hoheit der Kürfürstin von Hessen bei Höchstihrer Rückkehr in die Residenz-Stadt Cassel am 11. April 1839. [Kassel 1839]. 14 S. 2°
Landesbibliothek und Murhardsche Bibliothek Kassel: 2° Hass. gen. 27
121. Brief der Kurfürstin Auguste (1780-1841) an den Juwelier Isaak Bury. Wiesbaden, 18. Juli 1839. 1 Blatt, auf einer Seite mit brauner Tinte beschr. 8°
Hanauer Geschichtsverein, Stadtarchiv Hanau
122. Predigt zur Gedächtniß-Feier Ihrer Königlichen Hoheit der höchstseligen Kurfürstin von Hessen Friederike Christiane Auguste, gehalten am 14. März 1841 auf Verlangen dem Druck übergeben von Carl Friedrich Meyer, zweitem Pfarrer an der evangelisch lutherischen Kirche zu Cassel. Cassel: Gedruckt und zu haben in der Estienne'schen Buchdruckerei, 1841. 12 S. 2°
Landesbibliothek und Murhardsche Bibliothek Kassel: 8° Hass. gen. 22
123. Gedächtnispredigt auf das am 19. Februar d. J. erfolgte Ableben Ihrer Königlichen Hoheit der Kurfürstin von Hessen Friederike Christiane Auguste, königl. Prinzessin von Preussen, nach Sirach 44, 12-15. Am 14. März 1841 in der Unterneustädter Kirche zu Kassel gehalten von George Rommel, erstem Prediger dieser Gemeinde und Metropolitan der Klasse Kaufungen. Zum Besten der Armen. [Kassel:] Druck von Döll und Schäffer, [1841]. 13 S. 8°
Landesbibliothek und Murhardsche Bibliothek Kassel: 8° Hass. gen. 22

Bibliographie (in Auswahl)

Willi Beils: Goethes Beziehungen zu Hessen. Marburg: Phil. Diss., 1932 [Teildruck].
Helmut Berding: Napoleonische Herrschafts- und Gesellschaftspolitik im Königreich Westphalen 1807-1813. Göttingen: Vandenhoeck & Ruprecht, 1973 (= Kritische Studien zur Geschichtswissenschaft, 7).
Wilhelm Moritz von Bissing: Friedrich Wilhelm II. König von Preußen. Ein Lebensbild. Berlin 1967.
Helmut Börsch-Supan: Die Kataloge der Berliner Akademie-Ausstellungen 1786-1850. 3 Bde. Berlin 1971 (= Quellen und Schriften zur Bildenden Kunst, 4).
Hugo Brunner: Joseph Maria von Radowitz und seine Beziehungen zu Hessen. In: Casseler Tageblatt und Anzeiger, Nr. 79 vom 15.2.1905, Nr. 81 vom 16.2.1905 u. Nr. 83 vom 17.2.1905.
Karl Demandt: Geschichte des Landes Hessen. Kassel u. Basel: Bärenreiter, 1972.
Walter Martin Fraeb: Über Kurfürst Wilhelm II. und die Gräfin Reichenbach in Hanau. In: Hanauisches Magazin 8, 1929, S. 49-63.
Robert Friderici: Eine Audienz. In: Zeitschrift des Vereins für hessische Geschichte und Landeskunde 79, 1968, S. 101-102.
Otto Gerland: Werner Henschel. Leipzig: Seemann, 1898.
Wilhelm Grevel: Die Trauung des Kurprinzen Friedrich Wilhelm von Hessen in Rellinghausen im Jahre 1831. In: Beiträge zur Geschichte von Stadt und Stift Essen 30, 1909, S. 149-164.
Ludwig Emil Grimm: Erinnerungen aus meinem Leben. Hrsg. von Wilhelm Praesent. Kassel: Bärenreiter, 1950.
Ludwig Emil Grimm: Briefe. Hrsg. u. komm. von Egbert Koolman. 2 Bde. Marburg: Elwert, 1985 (= Schriften der Brüder Grimm-Gesellschaft, 12).
Ewald Grothe: Monarchisches Prinzip und frühparlamentarische Repräsentation. Das Kurfürstentum in den Verfassungskämpfen der ersten Ära Hassenpflug 1830-1837. Berlin 1995 (= Schriften zur Verfassungsgeschichte, 48) [im Druck].
Ewald Grothe: Kurfürstin Auguste von Hessen-Kassel und der Schönfelder Kreis. In: Fürstenhof und Gelehrtenrepublik. Hessische Lebensläufe des 18. Jahrhunderts. Wiesbaden: Hess. Landeszentrale für politische Bildung, 1995 [im Druck].
Paul Heidelbach: Kassel. Ein Jahrtausend hessischer Stadtkultur. Kassel: Bärenreiter, 1957.
[Jakob Chr. Hoffmeister]: Aus den Tagen eines erloschenen Regentenhauses und seiner ehemaligen Residenz. Hessische Nachrichten aus alter und neuer Zeit. Hannover 1878.
[Jakob Chr. Hoffmeister]: Hessische Erinnerungen. Aus den Papieren eines verstorbenen kurhessischen Offiziers. Kassel: Gustav Klaunig, 1882.
Herfried Homberg: Politische Äußerungen Louis Spohrs. Ein Beitrag zur Opposition Kasseler Künstler während der kurhessischen Verfassungskämpfe. In: Zeitschrift des Vereins für hessische Geschichte und Landeskunde 75-76, 1964-65, S. 545-568.
Michel Huberty, Alain Giraud, F. u. B. Magdelaine: L'Allemagne dynastique. Les quinze Familles qui ont fait l'Empire. 5 Bde. Paris: Alain Giraud, 1976ff. (Bd. 1, S. 51-259: La Maison de Hesse; Bd. 5, S. 1-260: La Maison de Hohenzollern-Waldeck).
Fritz Hummel: Die kunstliebende Kurfürstin Auguste. In: Zeitschrift des Vereins für hessische Geschichte und Landeskunde 68, 1957, S.195-207.
Ihnken: Schlößchen Schönfeld und Kurfürstin Auguste. In: Kasseler Post, 25.10.1934.
Georg Koch: Die Gräfin von Reichenbach. In: Reichenbacher Blätter [4], 1987, Heft 5, S. 62-81.
Joachim Kühn: Das Ende einer Dynastie. Kurhessische Hofgeschichten 1821 bis 1866. Nach ungedruckten Dokumenten aus den Archiven von Paris, Wien, Berlin und Kassel. Berlin: Brückenverlag, 1929.
Joachim Kühn: Der kurhessische Familienzwist in den letzten Jahren der Kurfürstin Auguste. Nach ungedruckten Dokumenten aus dem Pariser Ministerium des Äußern. In: Hessenland 30, 1916, S. 20-22, 36-39, 53-55, 68-70, 86-89.
Joachim Kühn: Varnhagen von Enses Sendung nach Kassel und Bonn (1829). In: Hessenland 28, 1914, S. 97-99, 113-115,133-135, 148-149, 166-168, 186-187.
Joachim Kühn: Kurhessische Bilderbogen. Studien und Porträts zur Kulturgeschichte des 19. Jahrhunderts. Berlin 1924.
Philipp Losch: Geschichte des Kurfürstentums Hessen-Kassel. Marburg: Elwert, 1922.
Philipp Losch: Kurfürst Wilhelm I., Landgraf von Hessen. Ein Fürstenbild aus der Zopfzeit. Marburg: Elwert, 1923.
Philipp Losch: Wilhelm II., Kurfürst von Hessen

(1777-1847); Auguste. Kurfürstin von Hessen (1780-1841). In: Ingeborg Schnack (Hrsg): Lebensbilder aus Kurhessen und Waldeck 1830-1930. Bd. 1, Marburg: Elwert, 1939, S. 6-8 u. Bd. 2, 1940, S. 415-422 (= Veröffentlichungen der Historischen Kommission für Hessen, 20,1-2).
Philipp Losch: Aus dem Leben des Landgrafen Friedrich von Hessen 1747-1837. Marburg: Elwert, 1924.
Philipp Losch: Der letzte deutsche Kurfürst Friedrich Wilhelm I. von Hessen. Marburg: Elwert, 1937.
Philipp Losch: Schönfeld. Bilder aus der Geschichte eines hessischen Schlößchens und seiner Besitzer. Leipzig: Verlag von Klinkhardt & Biermann, 1913.
Philipp Losch: Ludwig Hassenpflug, ein Staatsmann des 19. Jahrhunderts. In: Zeitschrift des Vereins für hessische Geschichte und Landeskunde 62, 1940, S. 59-159.
Philipp Losch: Die Entführung der Herzogin von An-halt-Bernburg. In: Hanauisches Magazin 16, 1937, S. 17-20.
H. v. Petersdorff: Wilhelm II., Kurfürst von Hessen. In: Allgemeine Deutsche Biographie 43, 1898, S. 75-79.
Wilhelm Schoof: Kurfürstin Auguste von Hessen und die Brüder Grimm. In: Die Sonntagspost. Beilage zur Kasseler Post, Nr. 258, 18.9.1932 [sowie 25.9.1932], Nr. 272, 2.10.1932 [jeweils S. 1].
Jutta Schuchard: Werner Henschel (1782-1850). In: Carl Anton Henschel. Ein erfolgreicher Eisenbahnpionier und Fabrikant. Kassel 1984, S. 39-57.
Hellmut Seier: Modernisierung und Integration in Kurhessen 1803-1806. In: Walter Heinemeyer (Hrsg.): Das Werden Hessens. Marburg 1986, S. 431-474 (= Veröffentlichungen der Historischen Kommission für Hessen, 50).
Karl Siebert: Die Beziehungen des Malers Friedrich Bury zu Goethe und zum kurhessischen Hof. In: Hessenland 34, 1920, S.129-130, 146-148, 161-165.
Winfried Speitkamp: Restauration als Transformation. Untersuchungen zur kurhessischen Verfassungsgeschichte 1831-1830. Darmstadt, Marburg: Selbstverlag der Hessischen Historischen Kommission Darmstadt und der Historischen Kommission für Hessen, 1986. (= Quellen und Forschungen zur hessischen Geschichte, 67).
Edmund Stengel: [Briefwechsel der Kurfürstin Auguste mit den Brüdern Jacob und Wilhelm Grimm]. In: Ders., Private und amtliche Beziehungen der Brüder Grimm zu Hessen. 3 Bde. Marburg: Elwert, 1895-1910, hier Bd. 1, S. 403-419.
August Straub: Das Schlößchen Schönfeld und seine Musenhöfe. In: Hessische Heimat N.F. 11, 1961, S. 20-24.
K[arl] A[ugust] Varnhagen von Ense: Aus dem Nachlasse. Blätter aus der preußischen Geschichte. Leipzig: Brockhaus, 1869, Bd.5.
Emilie Wepper: Einiges aus dem Leben der Kurfürstin Auguste von Hessen. In: Hessische Blätter, Nr. 1185 vom 18.11.1885, [S. 2ff.].
August Worninger: Die Heirat des letzten Kurfürsten [von Hessen]. In: Hessenland 23, 1909, S. 321ff.

Herausgeber und Autoren

Gerd Fenner (geb. 1953 in Coburg) studierte Kunstgeschichte, Geschichte und Klassische Archäologie in Göttingen und München. Magister artium 1982. Lebt in Kassel.

Ewald Grothe (geb. 1961 in Bredenborn/Westfalen) studierte Geschichtswissenschaft, Öffentliches Recht und Rechtsgeschichte in Marburg. Promotion 1994. Arbeitet als wissenschaftlicher Assistent am Fachbereich Geschichte der Universität Wuppertal.

Marianne Heinz (geb. 1946 in Heddesheim bei Mannheim) studierte Kunstgeschichte, Klassische Archäologie und Romanistik in Bonn, München und Wien. Promotion 1976. 1980 bis 1984 wissenschaftliche Mitarbeiterin an der Kunsthalle Düsseldorf; seit 1984 Leiterin der Neuen Galerie (Staatl. Museen Kassel).

Heidrun Helwig (geb. 1963 in Homberg/Efze) studierte Geschichtswissenschaft, Germanistik, Politikwissenschaft und Romanistik in Gießen und Orléans. Magister artium 1992. Arbeitet an ihrer Dissertation mit dem Thema „Funktionswandel von Hof und Hofgesellschaft in Kurhessen im 19. Jh."

Bernhard Lauer (geb. 1954 in Britten/Saar) studierte Slawische und Romanische Philologie sowie Volkskunde in Marburg, Moskau, Prag und Bukarest. Promotion 1983. Seit 1989 Leiter des Brüder Grimm-Museums Kassel und Geschäftsführer der Brüder Grimm-Gesellschaft e.V..

Klaus Lukas, Dr. rer. pol., Vorsitzender des Vorstandes der Stadtsparkasse Kassel

97/98. Die beiden skizzenhaften Darstellungen Ludwig Emil Grimms zeigen die Kurfürstin Auguste (1780-1841) mit ihrer ältesten Tochter Caroline (1799-1854) – ein Jahr vor dem Tode der Kurfürstin – beim Spaziergang auf der Kasseler Bellevue (Anhang Nr. 30).

Redaktionelle Anmerkungen

Maßangaben erfolgen in der Reihenfolge Höhe mal Breite (und ggf. Tiefe).

Um Verwechselungen vorzubeugen, werden die verschiedenen Häuser Hessens immer mit dem geographischen Zusatz Hessen-Kassel, Hessen-Darmstadt usw. bezeichnet.

Photonachweis
(bezogen auf die laufende Zählung der Abbildungen):

Brüder Grimm-Museum Kassel (Thomas Wiegand) 9, 11, 19, 43, 44, 45, 79, 97, 98 • Brüder Grimm-Museum Kassel (Photoarchiv) 8, 12, 13, 14, 15, 17, 20, 22, 23, 24, 38, 40, 49, 52, 75, 88, 89, 93 • Ewald Grothe (Wuppertal) 53, 54 • Hessische Hausstiftung, Museum Schloß Fasanerie Fulda (Erich Gutberlet) 1, 2, 3, 6, 7, 10, 21, 25, 31, 32, 34, 37, 41, 57, 61; 65, 69, 71, 94, 95 • Landesbibliothek und Murhardsche Bibliothek der Stadt Kassel (Thomas Wiegand) 80 • Landesmuseum Oldenburg (H.R. Wacker) 63 • Privatbesitz 58, 60 • Schloß Friedenstein Gotha 64 • Staatliche Museen Kassel, Neue Galerie (Ute Brunzel, Arno Hensmanns u.a.) 4, 5, 16, 18, 33, 35, 39, 42, 51, 55, 58; 67, 72, 73, 90 • Staatliche Museen Kassel, Graphische Sammlung (Ute Brunzel, Arno Hensmanns u.a.) 30, 36, 46, 70, 81, 83, 84, 85, 86, 87 • Staatliche Museen Meiningen 62, 66, 68 • Staatsarchiv Marburg (Wolfgang Schekanski) 76 • Stadtarchiv Hanau 26, 74 • Stadtarchiv Kassel (Thomas Wiegand) 27, 28, 29, 50, 77, 78, 82, 91, 92, 96 • Vonderau-Museum Fulda (Jez Zbigniew) 47, 48, 56